立人天地

女孩成长书

Vesper Talks To Girls

【美】劳拉·诺特 著
Laura A. Knott

赵 凛　郦英华 译

黑龙江教育出版社

contents 女孩成长书 目录

One　　　人生之新起点 1

Two　　　同窗友谊 21

Three　　与人相处的艺术 41

Four　　　忍受苦难 55

Five　　　生活的节奏 67

Six　　　　困境的功效 83

Seven　　学院精神 97

目录

女孩成长书 contents

Eight   随遇而安 109

Nine   冲突的忠诚 121

Ten   纪律价值 133

Eleven   成功的人生 147

Twelve   妇女的进步 159

Thirteen   快乐的源泉 179

Fourteen   毕业之后 197

女孩成长书

One
人生之新起点

对于一个拥有进取心和对未来有着无限热情的人来说，机会是能一次又一次降临于他的。

机会总是留给有准备的人

人生充盈着无数可以重新开始的机会。如果一个人认为他不再有机会补救以往的过失，那么勇气和希望也就从此与他诀别了。乔治·艾略特（George Eliot，英国小说家，与狄更斯和萨克雷齐名）说："你要想成功，什么时候都不晚。"只要有坚定的信念，就一定会成功。英戈尔（Ingalls）曾经写过一首十四行诗《机遇》（*Opportunity*），诗中他对"机遇"是这样诠释的：

曾经我毫不吝惜地叩击每一间房门，

那些犹豫和迟疑的人儿注定经受失败、贫穷和困境。

想找寻我是徒劳无用的。

我不会回答，也不会再回头。

沃尔特·马龙（Walter Malone）用一首同样主题的诗歌，反映了他对生命的不同看法。诗中，他这样看待机遇：

当我一度敲门而发现你不在家时，
有人说我会一去不回，但是他们错了；
因为我每天都会站在你家门口，
等待你醒来，并伴你去战斗、去胜利。

诚然，后一种观点更加准确，更鼓舞人心。

对于一个拥有进取心和对未来有着无限热情的人来说，机会是能一次又一次降临于他的。的确，如果一个人不具备开创崭新生活的精神，他就不会拥有成功的机会。有这样一位女性，她享受着乐观、积极向上的生活，每天清晨醒来时，她都会说："今天又将是美好而充实的一天！"我们没有理由不以这样的精神状态向一个又一个早晨致敬。

新年将至的那一刻，我们翻开生活中崭新的一页。在新的一年里，我们即将书写新的篇章，这对生活本身就是一种激励和鼓舞。尽管生活中充满了未能实现的承诺，但是我们依然会豪情万丈地奔向美好生活，而世界恰恰就因为这样的蓬勃生动而变得格外美丽。

　　新年时节的大自然沉浸在春光盎然之中，催着枝叶吐绿，鲜花绽放，招呼着鸟儿来筑巢。然而对于人类来说，真正开始工作之日既不是元月一日，也不是三月二十一日，而是初秋时节。在这个时节，那些沉寂了整个夏天的各种活动开始呈现一派新的生机和风貌。店面焕发生机，一片繁荣；教堂在冷清了一个假期后也重新开始行使它神圣的职能；慈善机构也重整旗鼓，开始新的一年的活动；师生们经过了假期的休整后，以充满活力的崭新姿态重返到工作和学习中；就连空气都弥漫着喜悦和活力。

　　这个时期无论对老师还是学生们来说，都是一个新的开始。当我意识到生命的长卷又被翻过了一篇，而新的篇章正在展开的时候，我总是有一种难以抗拒的兴奋。我也总是被我所拥有的新机遇所触动——那些机会让我重新补救以往的过失，让我能够将过去一年的失败统统翻过，从而开始新的生活。这让我内心无比感激。

　　假期结束后重新回到学校，学生们感觉一切都是那么的不同。学校里每年都会出现一些新的面孔，每年都会有不同的老师和同学组成新的班级。重新再来的机会充盈在其中。新的科目会唤醒你沉睡的力量，老师也会迸发出意想不到的激情。除此之外，没有什么东西能够给你的生活带来如此新奇的意义。

　　对于那些第一次离开家乡、踏上大学之路的大学生来说，他们所要进行的转变是最大的。这个时刻成为了成千上万年轻男女的人生转折点。这是他们人生中最宝贵经历的开始。从那时起，他们才算开始了真正的生活。那些无法在新的生活中真切感受到自己灵魂激荡的学生必定会萎靡不振，感到生活的乏味。我非常理解我的一位朋友离家求学前一天晚上的心情，她几乎一夜没合眼，内心充满了期待的喜悦。

离家求学，独自来到一个陌生的环境，最显而易见的好处就是你有幸得以把自己最好的一面展现于人。当我们和同样的一群人朝夕相处时，这些人对我们的脾气秉性了如指掌，可能已经意识不到我们时刻都会萌发出新的思想并付诸努力，他们的脑海里留下的只有我们过去的种种失败和错误。但是当我们置身于陌生人中时，他们是不会轻易发现我们的缺点的，除非我们主动将自己的缺点展现出来。你有过失误吗？你一次又一次地失败过吗？你有没有自私的行为并漠视他人的权利呢？不要让他人从你的行为中辨认出你曾经的样子。你有没有懒惰过，虚度光阴，并过于重视那些微不足道的事情？在陌生人当中，这些缺点会被掩埋，永不见天日。人们不会以过去的所作所为对你加以判断，而是会以你现在的状态去判断和评价你。

应该培养一种忘掉过去的习惯。"我会督促自己向前看，忘记过去的事情"，这就是圣•保罗（St.Paul）对过去生活的态度。当然，过去的经历会有许多你不愿忘记的事情，那些回忆可能是令人振奋的联想，也可能是因为战胜了弱点而给未来带来勇气和力量的记忆。然而，除此之外，还会有很多错误和失败的记忆是挥之不去的。从某方面来说，尽管它们不能被抹杀，但却可以在未来加以弥补。不断追忆过去的痛苦和遗憾只会让自己萎靡不振。而事实上，鼓起勇气生活并发挥你最大的能量才是对未来最大的期待。

一般情况下，生活分为四个等级。知性的生活，有道德感、有精神追求的生活，有社会交往的生活以及有生理需求的生活。你所要做的就是随时调整生活状态来满足自己不同的需求。这不是一件容易做到的事情，甚至由于未能作出调整，使很多似乎很有前途的事业，最终不得不搁浅。的确，如果一个人能在任何年龄段里，使自己的生活和谐、平衡，以及上述的需求得到满足而不会变得杂乱无章，那他就真是一个聪明人。而事实上，我们当中的大多数人只能兼顾一二。我们所说的最好就是冲着最完美的目标随时调整，随时前进，尽管很少有人成功。

在女子学校中，成千上万的女生只强调她们天性中社会性的一面，而忽视其他方面。生活成了一轮又一轮的舞会、晚宴和社交娱乐活动，这些本应该是生活的调剂品现在却成了生活的主旋律。所以，总会有这样一群人，她们的生活中充斥着各种各样的社交娱乐活动，而对精神的追求却荡然无存。

我们发现在许多男子学校中，人们经常忽略知识的学习，而对体育特长有着荒唐且极其夸张的重视。这种心照不宣、沿袭至今的重视使得美国的奖学金制度逊色于欧洲的一些国家。对于女性来说，体育特长通常不会影响她们求学期间的学业成绩，然而戏剧和社交活动等其他活动就不同了，它们都是其学业成绩的重要参考。

只注重智力却忽略品德、情感的人注定是一台"头脑清晰，但内心冷酷，只懂得逻辑思维的发动机"，算不上一个真正的人才。这样的人缺乏同情心和精神追求，无法将其内心深处美好的一面挖掘出来。爱默生（Emerson，拉尔夫·瓦尔多·爱默生，美国散文作家、思想家、诗人，美国总统林肯称他为"美国的孔子"）开诚布公地说："如果一个人成为思考的机器，那他的思考就不是有血有肉的思考。"一个学生如果只是一台学习机器，他根本无法充分利用属于自己的机会，从而取得优异的学习成绩。与之相反，如果他只是一味地机械思考，而为此牺牲了生活的其他乐趣，那么他根本不可能成为一个真正意义上的学者。

一个人很有可能只看重生活中道德的方面，但这并不意味着要无限抬高道德标准，以至于自己的人格品质无法企及。道德的真正意义不仅仅是要做个好人，还要实实在在地去追求生活的真谛。那些过度强调责任和义务的人其实过着一种狭隘、沉闷的生活。

由此可见，在生活的哪些层面上该花费多少时间、投入多少精力，是年轻的学子们未来必须要学习的最困难的一课。

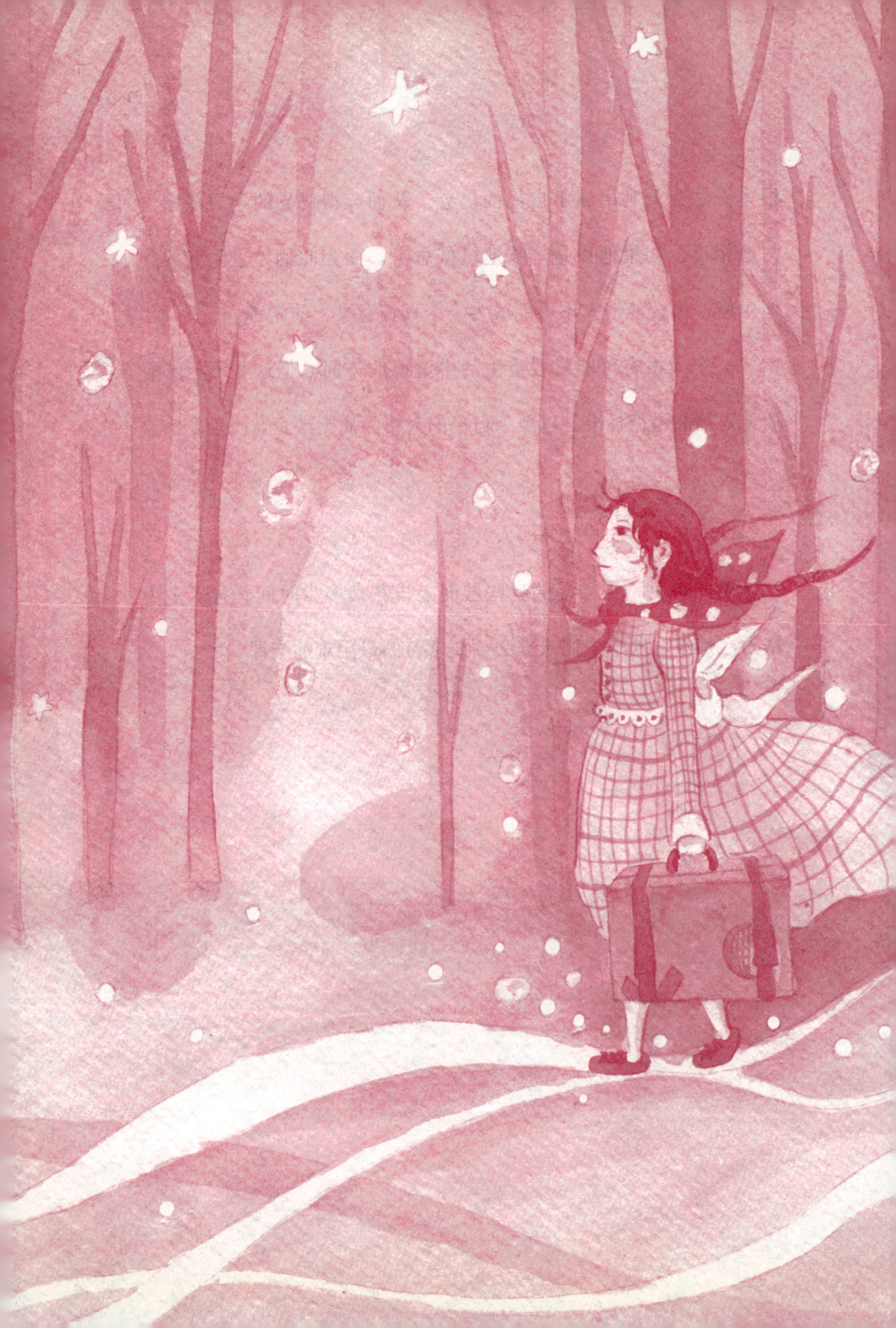

有些人把物质生活看成唯一的生活方式。勃朗宁（Browning，罗伯特·勃朗宁，维多利亚时期代表诗人之一）在这方面持有正确的观点，他说：

为人类设置这样一个思考题——当你的身体处于最好的状态时，你的灵魂会延伸多远？

物质生活应该从属于脑力和精神生活，然而肉体也应得到尊重，因为它毕竟是灵魂和精神的载体。"岂不知身体就是圣灵的殿堂吗？"我们的首要任务就是保持身体健康，使它成为意志运作的有效工具。无论对于自己还是他人，保持健康都是我们最应该重视和遵循的守则——坚持锻炼，保证睡眠，充分休息和健康饮食。但是令人不解的是，没有多少人，特别是女性鲜有重视这一简单规律的，这对每个人来说，本应该是显而易见的重要问题。违背这样的规律很快就会受到惩罚。那些忽视自己健康的女性也不可避免地要遭殃。如果说我曾经对大自然的任何智慧产生过怀疑的话——事实上我对此深信不疑——那就是当我看到那些年轻、无知、无阅历的女孩儿们，对她们的健康如此地不重视时，我总会暗自叹息，她们这种固执的观念和行为可能会造成悲惨的结局！为了拥有健康的身体，即便需要你在一定程度上否定自己，甚至以付出极高的代价为前提，也要心甘情愿地去做！

参与社交活动的欲望是正常的，也是符合人性的规律的；而那些回避社交活动的人的行为是违背常理的。然而社交活动很可能会以这样或那样的潜在危险给尚在求学阶段的年轻男女带来困扰。那些经历失败的人或者被迫退学的人往往并不是因为他们能力不足或者准备不充分造成的，而是由于在全新的应酬活动和名目繁多的社交活动中不小心失足，心智被社会中形形色色的诱惑充斥着，以至荒废了学业。有的大学正在实行相对宽松的管理方式，事实上，正是这种宽松的方式导致了极其严重的后果。而有的学校实行的却是严格的管理制度，学生也因此能够凭借严格的制度来管理、约束自己，从而摆脱形形色色的诱惑，救赎自我。有必要说明的一点是，你的生活中不能让"朋友"和"快乐"垄断。对于一个理性的学生来说，学习是第一位的，而享乐是其次的。当你被好朋友包围时，你面临的最大威胁就是时间的悄然流逝。时间一分一秒地在与朋友的喧闹中溜走，从而无暇去过一种美好充实的生活。与之同时消逝的，还有一个人的个性。我认识一些女孩，她们只要自己独处半个小时就会感到极度悲伤。因为她们没有自己的快乐来源，她们无法找到自己。她们完全成了一个寄生虫，需要从别人那里吸取养分。她们的生活中缺少独立精神，要靠别人获得快乐，而这种做法在年轻时还被允许，长此以往，垂垂老矣时也无法独立。一个人要态度友善，善于交际，酣畅淋漓地向别人奉献你的爱，但前提是务必保持你的个性与独立。

我们对朋友的选择是不同的，这种选择最能彰显出我们的个性。而选择知己时更不要操之过急。很多女孩草率地选择了朋友，一旦发现问题，将付出巨大的代价来挣脱这份友谊，结果不但让自己伤心、难过，也让对方受到极大的伤害。日久见人心，选择一个一生的朋友要慎重，慢慢来，无论何时何地都要记住"发光的未必都是金子"。

知性生活把人和粗野的生物区别开来。学校存在的目的就是培养学生能学会知性的生活，无论学生是否愿意接受这个事实。有一个能自律的、受过良好教育的头脑是人生一大幸事。命运的变故并不能夺走我们的精神财富。精神财富的价值永远不会泯灭，反而会增值，当我们所依赖的物质生活逐渐消逝，它的价值就更加凸显出来。

如果我们对于金钱过于依赖，精神财富就会插翅而飞；健康也会有如水中之月；朋友也会离你而去。在筹划成功，期盼幸福生活的过程中，我们追问何为人生中最持久的满足，过着知性的生活难道不是一种智慧吗？

我们应该不遗余力地去培养这种冷静且训练有素地应对问题的能力。这种智慧和成熟思想不经过努力是无法取得的，也无法单凭坐在课堂上听讲座或者大量背诵而使其得到巩固。有正确价值观念的人会把生活安排得井井有条，他的决定不会被眼前的状况所左右，而是会深谋远虑。

要知道，鱼与熊掌不可兼得。对于涉世未深的年轻人来说，很重要的一课就是要明晓，有时候为了能够得到更好的，必须牺牲眼前利益。生活总是如此，到了应该知道这些事情的时候，拖延时间毫无益处。对于日常工作你要百分之百地尽力,如果你连工作都没有做好的话,在其他方面也难以取得成绩。全神贯注地投入工作,并运用正确的工作方法,这些工作之道应该全面系统地学习。

最后，我们人类拥有道德品质与人性。一个人即便有极高的智力水平和出众的社交天赋，如果人格缺失的话，那么在很大程度上也不可能得到满足和成功。人格是一切成功的基石。如果基础不扎实，何谈上层建筑的稳固。一位作家曾说过："用你所得到的一切去获取智慧。"他所指的智慧是超越知识的东西，是对生活和人性的真知灼见，是人类道德层面的真谛。学生最让人羡慕之处是可以全力为理想的生活而奋斗。如果在精神和道德的塑像面前，你觉得渺小，那么变得强大就是你神圣的职责。还有比身处学生时代更好的机遇吗？这里有理想的生活条件，令人感兴趣的课程，时时刻刻给予你鼓励让你奋进的老师，更有理解和欣赏你的朋友和大把的空闲时间，你可以通过这一切去获得个人的能力。

记住，人格不是自己生成的。不要妄想不劳而获。众所周知，如果你想拥有良好的智力水平，可以通过不断地学习和训练大脑来获得。然而，目前为止，人们很难弄清究竟什么事情和人格的培养有关。

对于人格培养有这样一些言论。用罗伯特·威尔森（Robert Wilson，出生于美国得克萨斯州的瓦克市，是一位具有国际知名度的美国戏剧导演和舞台设计师）的话来说，就是"人格是副产品"。正像他所说的，不管你是否愿意，它都会在你的生活中坚守岗位。你无须刻意说："我要提升我的人格。"你只需要说："我将做好眼前的事。"不退缩，不回避，或许只有这样你的人格才能真正得到提升。

要想提升人格，没有比学习更好的方法了。的确，对于任何值得去做的事情，行动起来是最为行之有效的。古语云："付出才有收获。"人格的形成也是如此，是在个人欲望的激发下通过努力、奋斗逐渐内化而形成的。意志通过主动选择正确的事物而变得强大，而不是把正确的东西强行加诸其上。

外出求学会带来什么里程碑式的变化呢？你的灵魂之窗会朝四面八方敞开。你将学习到或者说你应该学习到什么东西是最有价值的。生活远比你想象的更丰富，它们美妙绝伦、情趣无限和魅力诱人。这意味着即便你竭尽全力却仍然只能把握住其中一小部分知识，那些无法穷尽的知识必将永远吸引它的爱好者。生命是如此短暂，你可能只能完成想做的事情中的一小部分。当我们理解了这个观念就明白了时间的真正意义。时间就是生命，只要我们明白了这个道理，只要我们把握住了生活的真正价值，我们也就不会再荒废时间了。

/ 女孩成长书 /

/女孩成长书/

Two
同窗友谊

你今后会成为什么样的人,很大程度上取决于你现在选择什么样的朋友,因为他们会让你的性格产生倾向,而这种倾向与朋友们的性格是不可分割的。

爱的本质是忘我

"把孩子送到学校去，让他的玩伴们去教育他！"这是爱默生的名言。爱德华·埃弗雷特·黑尔（Edward Everett Hale）曾经说过，在学校里一个人所能得到的最好的教育就是其同窗们所给予他的影响。对那些没有机会到学校去求学而在家中由家庭教师教育的孩子们，我总会感到深深的惋惜。我不是在贬低家庭教师的影响，从我个人的经历中，我更能明白在年少的时候教师所产生的强大的影响力和生命力。尽管如此我仍坚信，年轻人的生活水准和他们对待生活的态度在很大程度上受到同龄伙伴们的影响。

在年轻人发展的某些阶段，外部成人世界强加给他们的理想不会对他们产生过多的影响，这一点与老师和家长们所想的并不一样。能深刻影响他们的是同伴们的观念和理想。从那个阶段过来的人都能感同身受，成人世界的标准对于他们来说是多么的不真实。对于穿戴、言行举止等，他们对大人世界的标准是那么不屑一顾，而对死党们的建议倒是言听计从。这一阶段可能会在不久后消失，但是对年轻人今后的生活会产生巨大影响力，他们由此形成的判断是非能力不可低估。

在这些有力的影响中，最重要的当属珍贵的友谊。无私的内涵首先是从牢固的友谊中获得的。爱的本质是忘我。只有学会了爱，才能学会如何生活。高尚的友谊比任何其他的东西都更应该被人珍惜。这样的友谊应该受到鼓励，而且年轻人有大把的机会去建立这样的友谊。优秀的学校除了能够给学生提供有益的私人指导，更为重要的就是为学生们提供结交良师益友的平台。物以类聚，一个人如果内心高尚，自然会吸引那些具有高尚精神的人成为朋友，并且让他们留在你的身边。你今后会成为什么样的人，很大程度上取决于你现在选择什么样的朋友，因为他们会让你的性格产生倾向，而这种倾向与朋友们的性格是不可分割的。之后，当你回首往事，如果在你的生命中没有一群人曾经真切地存留的话，你就根本不会知道生活是什么。

选择朋友不仅仅是年轻人生活中的幸事。作为上帝赐予人类的礼物，任何年龄段的人都会面临选择朋友的问题。打开任意一本名人名言录，你会发现古今众多诗人、学者对友谊所做出的诠释。毋庸置疑，年轻的时候被公认为建立牢固友谊的最佳时期。这是因为逐渐成年之后，我们会更多地关注自己的事情，面对生活带来的种种压力，性格也基本成形，想要再接受他人和改变自己都是很难的事情。然而，处于交友的黄金时期的年轻时代也有弊端，即年轻人不能真正了解友谊的价值，因而无法享受友谊带来的快乐。

年轻时会荒废很多事情，其中失去友谊是最令人惋惜的。太多的人在生命晚期才醒悟到自己曾经不假思索地抛弃了那些永远不能再得到的东西。拥有朋友和成为别人的朋友是上天赐予的最好的礼物。当你人到中年，发现由于自己疏于经营，年轻时的友谊渐次消失时，那将会是一件非常悲哀的事。

我们会根据自身的经历来确立自己的友谊观，因此友谊这个词对于不同的人具有不同的含义。对于有些人来说，这个词的涵义随着年龄的增长会越来越深刻；而对于另外一些人来说则相反。我们对友谊的理解与我们自身的个性和生活方式有着密不可分的关系。

理想化的人往往会追求理想化的友谊。而现实中很难寻找到这样完美的友谊。我们总是把自身的缺陷和弱点带入我们的生活中去。"以我的观点看",西塞罗(Cicero,古罗马政治家)这样说,"友谊只存在于有道德的人之中。"你有真正的朋友吗?可能你和朋友之间的友谊并不理想,但通过友谊,你们双方都会得到成长,进而使得友谊更加完美。如果你想要摆脱曾经在交友中的过失,只有两个人来共同承担才能使错误得以改进。如果你想继续前进去获取更高的道德,要靠双方的配合才能完成最终的胜利。

没人能告诉你如何交友。因为朋友不是交的，是天生而来的。我们可以选择自己的快乐、书籍和职业，但我们却无法选择自己的朋友。我们只能发现他们。友谊的形成过程必定是潜移默化的，它也应该是这样的。为什么有的人总能看到你好的一面，而另一些人总看到你坏的一面？为什么有些人在你开口说话之前就能理解你，而有些人即使是在你解释以后仍然不理解你？如果我们能够轻松回答这些问题，友谊对我们来说，就像理解数学公式那么简单了。对朋友的态度，只能像蒙田（Montaigne，法国文艺复兴后期、16世纪人文主义思想家）说的那样："我爱他是因为他是他，而我是我。"有些人通过直觉选择朋友。如果直觉正确，并且相互间的兴趣可以适应的话，那么他们就可以成就亲密而长久的友谊。

友谊的基础是个性。你能够给予朋友的，也就只有你的人格魅力而已。因此，你必须对自己要求很高。除了不断丰富的人生阅历之外，你还有什么可以给予朋友的呢？对朋友仅仅有善意的用心和动机是不够的，还必须有所表现和行动。你可能不止一次问自己，我是否配得上这样的友谊？你目前对朋友感兴趣，可是你做什么才能使兴趣持续保持呢？

缺少交友能力的人最终将失去对方。他们常常表现得不真诚。不真诚的人不可能、也不应该被当成朋友。交友中比不真诚更可怕的是自私。自私是不分主动和被动的，其主旨就是以自我为中心。这种人不知道如何进入别人的内心，不能真诚地与别人分享他们的喜怒哀乐。我们说有的人有交友的天分，能够感知别人的兴趣爱好。要想交到朋友，除非你真正在意别人的心思，否则别人根本不会相信你是这样的。

人们应该培养交友能力或者努力成为别人的朋友，这样做是值得的。"有个朋友快乐成双，痛苦减半"。说出这样的话的人对此是深有体会的。《传道书》一书的作者说："两个人比一个人好。因为如果两个人陷入困境，他们可以互相帮助；但是如果互相背叛的话，一旦遇到困难，他将会成为孤家寡人，因为没有朋友会去帮助他。"

无论你做什么，首先要向你的朋友表明你的真诚，做真正的自己。在关键事情中的任何欺骗和隐藏都会造成无法挽救的伤害。是否认可一个朋友你有决定权，但是一旦认可他，你就要向他坦露真诚。真诚不仅仅影响朋友之间的关系，而且会影响我们与其他人的关系。洛夫莱斯（Lovelace）的双韵体诗让每个将交到新朋友的人记忆犹新：

亲爱的，我就不配真爱你了，如果我不更爱我的荣名。

如果双方没有信任，友谊是没有办法继续下去的。把对方的兴趣看成是自己的兴趣一样去照看与呵护，这才是作为一个朋友应该做的。我们会从大量的历史人物的友谊中得到启示，例如，大卫（David）与乔纳森（Jonathan）的友谊；罗斯（Ruth）与纳奥米（Naomi）的友谊；田纳森（Tennyson）与哈莱姆（Hallam）的友谊。你的友谊能否与他们当中的任何一个相提并论，相比之下是否觉得自己的友谊有些幼稚？伟大的友谊是一块试金石。对待真正的朋友，在其背后恶言相加是不可想象的，嫉妒对方，或者以这样、那样的方式凌驾于对方之上，都不是真正的友谊的做法。忠诚能够走多远？我们都记得耶稣的回答，当有人问他："我已经原谅我的兄弟70次了，我还得宽恕他多少回啊？"耶稣说"70次"的意思是，我们对朋友的谅解和宽容是无限制的。你对朋友的忠诚同样也是没有极限的。它只取决于对方的需要和你的力量。

当然，朋友间应该有共同的兴趣，互相信任和自我展现。通常，你愿意与一些好伙伴分享你的快乐，但是在某些重要时刻，你却与他们保持距离。你和其他人分享工作中的故事，或者生命中特殊的兴趣，但最深刻的体验只会与你的知心朋友来倾诉。他在最关键的时刻理解、尊重和分享你的理想，他能理解你人生最基本的意图。只有能够将彼此最好的部分袒露给对方的友谊才是最至高无上的。

我说过朋友之间必须有互动。不要犯那种强迫朋友信任你的错误。如果你没有打开朋友心房的钥匙，那就去磨砺自己，使自己对朋友有价值。这种给予必须出于自愿，否则便是徒劳的。给予的同时我们从对方那里汲取出塑造自己的力量。互相信任能消融嫉妒。你的朋友没有义务向你解释和说明他的所作所为。人生充盈着无数机遇，因此对方也不会只局限于一个关系上。如果你的朋友的圈子不断扩展，你应该尊重他与其他人之间的交往。

一份名副其实的友谊会让你随时获得耐心、友善和自我控制能力，因为爱是最伟大的老师。 当一些不耐烦的话脱口而出的时候，你是否及时省察过？对那些挑剔我们错误的陌生人，我们尚且回报以友善和客气，那么对于那些包容我们缺点的朋友，我们是否同样对待了？有时我们的想法何等奇怪啊！对方的爱把我们豢养得有些粗鲁。即使你偶尔犯了错误，你的朋友仍然是爱你的，但其他人则不会。刚愎自用或者自私虽然可能不会让你的朋友离你而去，但是你们的心灵之间却因此不再紧密。

朋友之间应该是平等的。我不是说爱不能超越生活、年龄和教育。我只是说如果有一方是寄生虫，一味索取而不付出，这样的友谊是危险的。

爱默生在一篇名为《友谊》（Friendship）的散文中说过一句至理名言：朋友是能够成就你的人。朋友不是鸡蛋里挑骨头的人，但却有义务为朋友提出更好的解决问题的办法，并由此来指出他的缺点和不足。作为朋友要善于发现对方身上的缺点。"真正的爱是不能容忍对方身上有任何瑕疵的。他们总是模糊了灵魂深处的视线。"

另一方面，朋友是能发现你闪光点的人，当你怀疑自己时，他们能够坚定地指出你的优点。有谁会不需要这样的朋友呢？当我们沮丧失意之时，当我们的信仰跌进谷底之时，真正的朋友会来到我们身边，他们的信仰会让我们重新找回生活的平衡点。当这种信仰注入我们自身当中、注入我们生命的力量和种种可能性当中的时候，那会是一件多么令人惬意的事情啊！当机会来临之时，如果朋友之间不能相互鼓励的话，那么他们就错失了真正的友谊给人带来的幸福。爱着的人知道爱情不是盲目的。爱有最真实的视野。**如果你想了解一个人，不要找恨他的人了解情况，要去找爱他的人。** 然而爱可能会蒙蔽我们。对朋友的缺点视而不见不是帮助朋友改正的方法。如果你挡在朋友和他应为所犯的错误接受惩罚之间的时候，你实际上是阻止了他最重要的一次成长。如果你的爱是贫乏而狭隘的，你会不断地迫使你的朋友去关注他自身的乐趣而无视他人的爱好，如此一来，便在无形之中扼杀了他内心无私的冲动。如果彼此之间以这样的方式相处下去，你会发现你们双方的无私的爱和仁爱的感情都会渐渐消失。任何相爱着的两个人都应该珍惜这种为对方忘我付出的精神。

友谊与世间其他事物一样都会有果实。"人们不能在荆棘上获取葡萄，也不能从蓟花上摘取无花果。"一份有质地的友谊之果是人生的至高理想和责任。如果一份友谊使你对其他义务变得漠然，并且使你不再听从责任对你的召唤，那么你要警惕一下了！如果你对一个人的爱使得你对其他人的爱减少或淡漠了，那么这样的友谊就不是至高无上的。友谊可以延展心灵的领域而不是约束它。任何有狭隘感和排他感的事物都是一种阻碍。你必须极其真诚地尊重与敬畏你的朋友，并通过尊重朋友而使得人性更加崇高与高贵。

一切事物都因你而变得更加高贵，向天边远眺，生命的磨盘映入眼帘，你的价值如阳光大道一般。

情感因素在友谊中处于一个怎样的位置？可以肯定地说，它不占据重要的位置。在最丰富和持久的友谊关系中，比情感更重要的因素还有很多。当然，这种关系中也并非没有情感的参与。但是，过度强调感情因素的危险在于会使友谊沦为纯粹的多愁善感。也许你会问，在友谊中，什么是比感情更重要的？比感情更重要的是逐渐产生的精神上的契合和统一。一种被对方完全理解的感觉。一种能够在任何生命的紧急状态下彼此依赖的忠诚。

如何成为一个真正的朋友需要经年累月地学习，同时一些困苦的体验会教会你如何欣赏和感激你的朋友。有时，当我们回想蹉跎岁月时不禁感叹："早按当初的那样做的话，生活会是多么丰富和幸福啊。"有时候，在我们意识到朋友的价值时，他们已经离开了我们。当我们独自静坐沉思时，是否痛心地想到，我们曾经因疏于衡量朋友在我们生命中的价值所犯下的每个过失。

如果你想成为一个真正的朋友，如果你不想付出巨大的代价而从现在做起开始欣赏你的朋友，那么先问自己几个探寻性的问题。你是否更在意从友谊中能获取什么或者投入什么？你会更多地考虑提供服务还是被别人服务？你是否想知道你的朋友是否足够爱你，而你不能再多爱你的朋友一些了？你是否从没有想象过你自己被朋友忽视或者误解？如果这些你都做得很好，那么你也就在逐渐靠近真正的友谊了。以友谊著称的菲利浦·布鲁克斯（Phillips Brooks）说过："世上再没有什么比两个朋友的人格成长更美好的事情了。当他们一起慢慢变老，会更深刻地理解彼此的人生。"

同窗友谊

友谊有代价吗？答案是：有。在这个世界上，凡是想要获得好的事物都是要付出代价的，也只有愿意付出代价的人才能得到它。最长久和最至高无上的友谊形式只存在于最高层次和最优质的人性中。友谊的代价如此之大，以至于没有人会或者说没有人能够承受得起它的代价。代价是什么？这才是关键点。问题是谁也无法在事前预知。无论代价是什么，真正的朋友都随时做好了付出代价的准备。为真正的朋友做出牺牲永不嫌多。

然而，遗憾的是，尽管无须任何一方付出英雄般惊天动地的高昂的代价，可有许多友谊还是遭遇触礁。能够维系它存活的东西其实很小、很简单，但是却很多。毕业后，当同学们各奔前程，继续保持书信往来是一项相当花费时间的事情。你的友谊是否值得你为其这样做。渐渐地，如果新情趣、爱好进入你的生活中，友谊就更不容易维系下去了。因为如果想要发展友谊，分享相同的兴趣爱好是不可忽视的，保持诸如赠送生日礼物、圣诞纪念品的习惯等，都需要在这个繁忙的世界里占据大量的时间。由此，原本紧密的心出现了裂缝，而且变得越来越大，渐渐地，彼此沉默无言。这不是一个值得欢呼雀跃的经历，但它的确是原本被人笃信会天长地久的友谊中出现的一件刻骨铭心的大事件。一些小时候结下的友谊往往成长得很快，它们成为我们生命中最美好的事物。它是我们"儿时珍藏"的一部分。但是如果我们意识到我们现在所做的事情，你会发现放弃一份份纯真的友谊是多么的不可思议。

除非你很细心并且充满爱心，否则你的老朋友会一个接着一个从你的生活中溜走，最后消失得无影无踪。我敢打赌，会有那么一些朋友留下来。他们应该是真正爱你的人和将来也会爱你的人。"相知有素的朋友，应该用钢圈箍在你的灵魂上。"永远不要让他们离开。如果你期待与他们在一起，那就对他们耐心点。对他们无数次的疏忽表示出宽容的态度，对自己说，它们仅仅是表面现象。以这种方式去互相承担责任并忍耐对方的朋友，他们会发现这份友谊随着岁月的增长而变得越来越深厚和坚固。

如果你真的想成为我所描述的那样的朋友的话，除了让你去看圣·保罗的第一部《歌林多后书·使徒书》（*Epistle to the Corinthians*）中第十三章《爱》，我想不到其他能帮助你的办法了。这一章中对于爱的描述简直是无与伦比。尽量按照其中的说法去做，尽量使你的情感更接近书中的描述。无论是在《圣经》（*Bible*）还是在《圣经》以外的书中，我们都不会找到如此珍贵、如此真实、如此动人的对爱情的描绘。去阅读它吧！给那颗以饱含善意的情感感受整个人类的心灵带来一丝光明。它能将朋友给予你的爱转变成为永恒的爱；成为善意的爱；嫉妒不在，愤怒不在；承担一切，相信一切，憧憬一切，包容一切。其中首要的是，它将使你给予朋友的爱源远流长。

女孩成长书

/女孩成长书/

Three
与人相处的艺术

如果我们想在社会这个大家庭中美好地生活,那么就不要过于谨小慎微和苛求。

小狐狸毁掉了整个葡萄园

你或许会认为与人相处算不上是什么真正的艺术，但它确实是一门最难的艺术。通过提早学习我们可以避免很多不愉快的经历。如果我们是很难相处的人，那么我们可能得到灾难性的惩罚。我们都知道有的人一进门就带来一片阴云，有的人却带来一片阳光。曾经有人谈起我的一个很有感染力的女性朋友，作了如下评价："当她走入走廊的时候就仿佛一道亮光滑过。"波士顿每日新闻曾经报道过这样一则新闻："昨天还是阴云密布，但菲利普·布鲁克斯经过报摊之后就阳光灿烂了。"不用多说，这些人一定很好相处。

一个人可能真诚、友好、善良，但由于缺少所谓的亲和力，他可能就会难于相处。道德是性格的基础，但仅有这些还是不够的。正如《圣经》指出的那样："小狐狸毁掉了整个葡萄园。""小狐狸"指的是性格中的瑕疵，当时你可能注意不到它们，但它们却在慢慢滋长。就是这些"小狐狸"让我们不愿接近那些有瑕疵的人，而愿意与那些让我们感觉舒服的人在一起。如果一个人没有牺牲精神，那么想让别人喜欢上自己则是一种奢望。做一个给别人带来阳光的人不仅是你的权利，还是你的责任。这样一种简单的状态让人非常喜欢，很多人不断在追寻这种状态，并愿意用任何代价去交换，只为得到它。

有些人敢于以正确的方式说出指责的话，我们要对这样的人给予赞扬。赞扬他们能够在正确的时间以正确的方式给予我们建议和提醒。在我们犯错误的时候，我们需要更多能够指出我们缺点的朋友，并帮助我们克服这些缺点。他们甚至会冒着失去友谊的危险来提醒我们，目的是为了帮助我们成就最好的自己。但是这世界上有多少人指出我们的错误的目的是出于能够让我们有更好的发展呢？你会发现，朋友发现了你的错误并指出来，更多的时候是为了发泄他们心中的愤怒。下次当你发现朋友的缺点并想指出的时候，你应该先问自己两个问题：首先，发现和指出这些缺点有什么好处吗？其次，我是以正确的心态在做这件事情吗？只有当这两个问题的答案是肯定的时候，你才能去指出缺点，否则还是沉默是金吧。另外，批评应该是伴随着表扬的。有些人会发现我们的优点，并肯定我们的优点多于缺点，我们能够从这些人那里受益匪浅。

另一个值得注意的"小狐狸"是摩擦、吵架和拌嘴。当我们接触它们的时候才会发现，而且我们时常是在自己身上很震惊地发现这一点。这一点在爱的氛围中体现得最为明显。爱我们的人包围着我们，并且总是原谅我们和支持我们，这样就给摩擦和争吵滋生了温床。陌生人是与这些东西绝缘的，我们也不能要求人家去接受这些。它是个潜在的、很微妙的险情，以至于我们常常意识不到它的到来。它首先从一些不正常的身体特征方面展现出来。健康活泼的孩子是不会哭闹的，只有那些生病不舒服的孩子才会嚷叫。摩擦往往就是躁动不安的开始，它在寻找发泄的牺牲品。

美国是一个活跃、有激情的民族，这在一定程度上是由于其气候条件造成的。剧烈的气候变化搅乱了我们的神经系统。不得不承认，身体在很大程度上是受自身控制的。那些熬夜、不经常运动、饮食不规律的女孩要对自己糟糕的身体负责，因为治病的良方其实就在她们自己手里。夜深人静，你是否会感叹人生充满了困苦，你的命运是如此的不幸，而第二天早上一觉醒来却发现在这五彩斑斓的世界中，你的命运是光明的，生活中没有必要去证明自己。其实最重要的是让你的身体在每分每秒都处于一个良好的状态。在工作和休息之间做好转换，劳逸结合，有充足的时间休息和娱乐，另外在长时间的劳动之后应该适当调节一下，以保证身体状态良好。在这一过程中，你会发现自己变得冷静而自制力强，这样也就在一定程度上避免了过于浮躁。

你的脾气很暴躁吗？如果是这样的个性，除非你能控制情绪，否则很难与别人相处。脾气的释放就像是一阵闪电划过，一团烈焰燃烧。它是瞬间的反应。然而，在这瞬间之中有什么说不出来、做不出来的呢？你已经不是你自己了，你已经失去了理智。你有没有在情绪爆发的时候，伤害了你在这个世界上最爱的人呢？对于那些给你最宝贵建议的人，你是否失去了对他们的尊重，你有没有一时冲动，说过一些气话，然后再用人生中好几年的光景去回想，后悔不该说出那些话？如果是这样的话，比这更糟的是你失去了尊严。还有什么比由于失去控制而做了或者说了一些事情但第二天却懊悔不已更可笑的呢？记住，没有什么能比乱发脾气可以更加让人失去对你的尊重。如果你不能控制自己的情绪，你就会被认为是个缺乏平衡、尊严和力量的人。

如果能够，希望把它们收回，

如果能够，希望把它们收回，

那些脱口而出的充满愤怒的话，

如果能够，希望把它们收回。

但是"希望"只是希望，并不能收回那些说过的话或做过的事的。我们唯一能做的就是接受教训，今后做情绪的主人。"能够控制自己情绪的人要远远卓越于那些统治一个城市的人。"

如果你是个脾气暴躁的人，不必抱怨反而要感激这个事实。因为这说明你有热情，有激情，有想达到目标的冲动和欲望。不要试图与那些木讷散漫的人互换角色。你要控制情绪，而不是让情绪去控制你。我们并不艳羡那些不会发脾气的人。当我们阅读名人传记的时候，时常会发现这样的话："他拥有强大的愤怒的力量。"难道真的是所有伟人都有这种潜质吗？乔治·华盛顿（George Washington）很少生气，但脾气一旦爆发起来就像熊熊烈火一样强大。我们都知道林肯（Abraham Lincoln）的故事。当他看到奴隶市场的一幕时，他勃然大怒，说："如果有机会，我一定会重重地打击这种制度。"后来他果真这样做了。圣·保罗说："生气不是罪。"耶稣基督用鞭子抽打那些投机倒把的人，并把他们赶出神庙的时候，人们目睹了耶稣曾不止一次地大发雷霆的场面。别人错误的举动会让你热血沸腾、暴跳如雷，或者当总有些小事烦扰你而你还要刻意控制情绪时，此时很有可能让你的愤怒倾泻而出。

控制自己的情绪并不难，你所要做的事情是将它养成一种习惯。一些安静、沉稳和自我控制力强的人偶尔也会发脾气。

以自我为中心的这种性格破坏了很多友谊，也造成了很多家庭的不和谐。这是一种坚持自己行为方式的表现。如果一个人坚持以自我为中心，他通常都会达到自己的目的。因为其他人不会持续地反对无足轻重的事情。在中年以前，人们会说，这就是他的行为方式，他就是独断专行。这种倾向表现为对最终决定权的青睐。谁没经历过家庭中因琐碎小事而发生的激烈争吵？争吵的一方说，事情发生在周一，另一方则说，发生在周二，直到最后，大家都不知道当初争吵的焦点是什么了。在你和朋友的相处过程中，有没有一方在分歧中占据压倒性的优势？如果有的话，那么要小心了。这种情况对双方来说，都是一种潜在的危险。在你的家庭生活中，是否有一方在所有计划的制定中都具有最终的

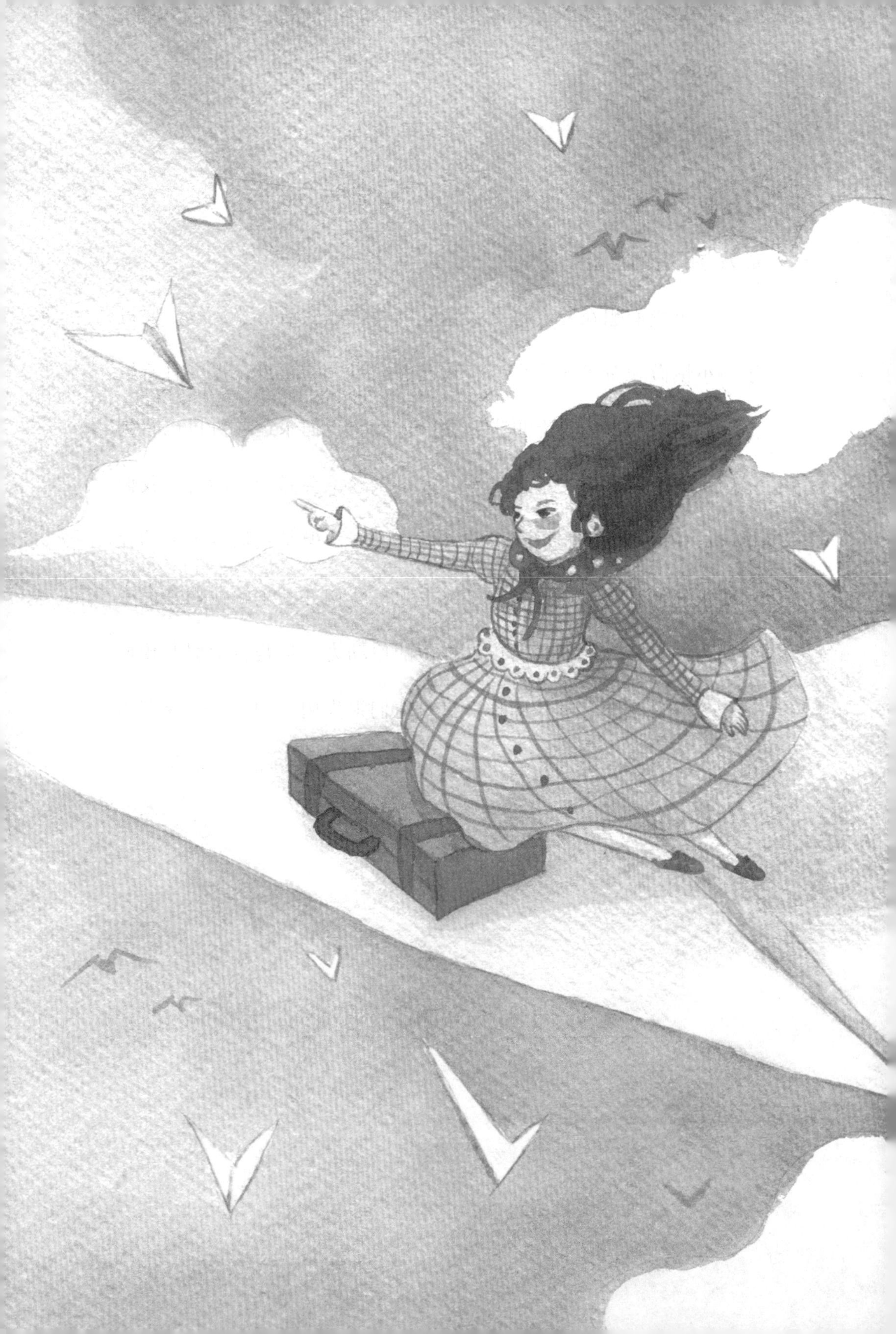

决定权，并左右所有的行为过程呢？如果有，那么这一方就会有成为专制者的危险了。

　　如果我们想在社会这个大家庭中美好地生活，那么就不要过于谨小慎微和苛求。我们都有自己的缺点，这一点在那些有着较高理想追求的人的身上也有明显的体现。我们永远要对自己感到不满。一个有激情、追求完美的人是永远不会感到自满的。我们也应该在适当的范围内要求别人做到最好。但是我们有多大的权利要求他们和我们在同一水平线上呢？我们并不了解他们生命中的动力源泉——他们之所以这样做的原动力。你是否给朋友传递了令人不自在的感觉，即你一直对他们很失望。如果我们要在周围的人中扮演导师的角色，那么善意、怜悯之心和一定的策略是必要的。

不能包容别人的人是很难相处的。我指的不能包容别人，是指这种人很难从别人的角度理解问题，而只是透过自己的视野看待问题，认为任何异于自己的观点都是错误的。年轻人一般很难包容别人。随着年龄的增长他们会逐渐学会包容。如果你是一个思维严谨、稍嫌刻板的人，请不要决绝地认为那些活泼好动的人都是轻浮的。如果你是活力四射的，那么请不要认为所有严肃的人都是愚蠢的呆子。当你尊重别人的时候，要尊重他们的观点，以及他们这种观点产生的原因。我们需要更多对彼此的信任。教堂里不一定都是好人，也不是在你的父亲所在的政党队伍里的都是诚实的人。

在彼此的交往中，不客气、不友好对友谊是很不利的。我是指所有不具有绅士风度的、不友善的、不文雅的态度。粗鲁和不忠一样都会扼杀感情。对我们最亲近和最亲爱的人，我们也要有友好和适度的客气，就像我们对待一些萍水相逢的陌生人一样。你可能会说："我在家里就是要做自己。我想说些什么就可以说些什么，我可以跟着自己的感觉去做事情。"然而，做自己不是不注意自己的言行举止，也不是将自己脑中所有不善意的想法一股脑儿宣泄出来。家是你可以穿着休闲睡衣和舒适的拖鞋的地方，而不是争吵的地方。能赢得朋友是一件很了不起的事情，但能保持住友谊却是更加伟大的。

志同道合为先，

否则一切都不能确定，

首先关注彼此，

第一眼看到彼此的行为是一样的，

都是举止谦虚礼貌，

这样会避免我们堕落。

最后，自私的人是无人愿意与之为伍的。自私是这个世界上的万恶之源。自私是一个潜伏着的敌人，它会侵蚀我们每一个人。在家庭生活中，务必要养成无私的习惯，否则永远都无法发展和培养出无私的性情。在家庭生活中，时时刻刻都有机会实践无私的做法。再没有其他地方比家里更能提供机会去关注他人的需要，并随时提供无私的帮助的了。再也没有别的什么地方比家里更适合牺牲自己的快乐换来大家的愉悦的场合了。其实只要有人居住的地方，就有机会去实践这种品德。

总是有一些狡猾的"小狐狸"糟蹋葡萄藤。总会有这样一些人，他们苛求、吹毛求疵、易怒、以自我为中心、不友好，然而他们诚实地生活着，并在这个世界上小有作为。然而，如果他们能够使自己的言行令人感到惬意的话，他们所取得的成绩可能更加卓越，他们也可能更加幸福；人们跟他们生活在一起也会更加愉快和舒服。

女孩成长书

/ 女孩成长书 /

Four

忍受苦难

想要什么就有什么,想做什么就做什么,这对于任何一个年龄段的人都是一个致命的坏习惯,尤其在学生时代。

成长的动力

在牛津美丽的大教堂里，有一扇有色玻璃窗，上面每扇窗格子都代表着《圣经》中某位著名人物。当我第一次来到这所大教堂时，立即被其中的一扇窗所吸引，并且从此以后每次来此参观，我的目光无不流连在那个地方。画面上是一个名为提摩太（Timothy）的小男孩跪在妈妈的身旁听候教导。充满童真与渴望的男孩提摩太令人想起了乔舒亚·雷诺兹爵士（Sir Joshua Reynolds，英国18世纪后期最负盛名且颇具影响力的历史肖像画家和艺术评论家，英国皇家美术学院的创办人）的作品《幼年塞缪尔》（Infant Samuel）中的一个人物。

如你所知，提摩太是圣·保罗的一位年轻的朋友。在《新约全书》（New Testament）中以他的名字命名的两封使徒书信[①]就是

[①] 有关写给提摩太的书信出处的某些有争议的观点和其他与这些书籍相关的批判性问题与此处无关。

圣·保罗写给这位年轻人的。圣·保罗爱他如子，也确实一次又一次地称他为自己的儿子。

　　圣·保罗赢得了与他共同生活和工作的那些人的无限尊敬与爱慕。他好像没有亲戚，在我们熟知他活动的这些年里，他总是到处奔波，建立教堂，然后将这些教堂留给其他人管理。虽然没有自己的家庭或亲属，但是他却能够随遇而安，广结朋友。几乎没有人能像他这样备受爱戴。他总能在与他共事的那些人的内心占有一席之地。这一点在他周围的年轻人身上表现得尤其明显。我们有很多动人的文章来展现他们彼此之间的情感。他说他渴望见到他们，希望他们幸福，他从未停止过为他们祈祷，他将这些年轻人分派出去，按照他的精神意旨去将他的工作继续进行下去。在这些年轻人中，提摩太似乎一直是他最赏识的一位。他以主教的身份被派去管理一些教堂。我们说的圣·保罗写给他的两封信就是一些关于教堂管理建议的信件。在信中，圣·保罗强调人格的重要性要高于一切。我们从圣·保罗的信中得知，提摩太是由他的母亲洛伊斯（Lois）和他的祖母尤尼斯（Eunice）抚养长大的，她们似乎是圣·保罗最亲爱的朋友，提摩太受到了她们最细心的照料。圣·保罗说："从孩提时你就已经开始了解《圣经》中的神圣文句了，学习这些能够使你睿智，得到救赎。"

学习展示自己，得到上帝的认可，成为问心无愧的神职人员。

因此，作为基督耶稣的好士兵，你要忍受困苦。

这些句子节选自写给提摩太的第二封信，这封信被认为是圣·保罗写过的最后一封信。这封信是在一种特殊严肃的场合下写的，它包含着一位老者对一位他爱之如子的年轻人的深切而衷心的建议。这封信充满着悲伤，因为此时圣·保罗正在狱中，并且他知道自己离死神不远了。他相信自己不久将被处死，而我们也知道，他当时的预感是正确的。在他所写的最后这一封信中，他谈及了自己对所爱的提摩太最深切的期望。我想我们都会为此事实所感动，这是大多数人都希望自己所爱之人拥有的，他并没有要求提摩太要多有才华；而是要求他拥有其他一些世界上还没有给予很高评价的才能。

父辈们为了能够给予子女财富和自己所拥有的一切而辛苦地劳作。他们在办公室里埋头苦干，失去了健康，放弃了人生中很多提高和上升的机会。而孩子们却会以一种只会对自己造成伤害的方式，以一种消耗精力、意志，毫无目的的方式尽快地挥霍掉从父辈那里轻而易举就得到的钱；或者说，这些钱从未给予美德一个发展的机会。几年前，人们非常关注罗斯福先生关于美国百万富翁的警句，"谁的儿子是傻瓜，谁的女儿又是外国公主"，不劳而获必定会滋生自私的品性并伴随着一大堆不良影响。实际上，很多年轻人的父母并不富有，他们在成长的过程中对钱有着完全自私的想法，而对钱真正的用途和价值却了解得很少。

我可以讲更多关于纵容孩子的父母对其子女满怀期望的事情，他们都期待同一件事情——安逸的生活。 他们希望自己的孩子不受风吹雨打，不用走泥泞、崎岖的道路，不必攀登艰难的高峰。他们必须走在阳光下，睡在花床上。艰难、困苦、磨难都给别人的孩子；奢侈安逸则都给自己的孩子。

但是，圣·保罗给予他所爱的年轻人什么样的礼物和福祉呢？一种安逸、奢侈的生活？这位伟大的门徒是多么蔑视这种想法啊！取而代之的是他要求年轻人应该学会怎样忍受困苦。

我们生活中的"困苦"不可能仅指身体上的折磨，或许根本不是，尽管这种忍耐是造就圣·保罗伟大品质的一个因素。他告诉我们，他被鞭打过，被石头扔过，遭受过船只失事、寒冷、饥饿和赤身裸体。没有什么事情能使他气馁，没有什么阻碍是他不能克服的，他无所畏惧，甚至是面对死亡。他工作的伟大成就归因于他非凡的身体承受能力以及强大的道德力量。与他相比，即使在我们之中看起来最优秀的人也显得那么微弱和无用。这种不顾身体不适，这种无所畏惧，这种依靠内心素质而非外界支持的品质，即使我们可能永远不会被召唤去经受危险与困苦，我们难道看不出这是一件多么伟大的事情吗？然而，我们知道，有多少人

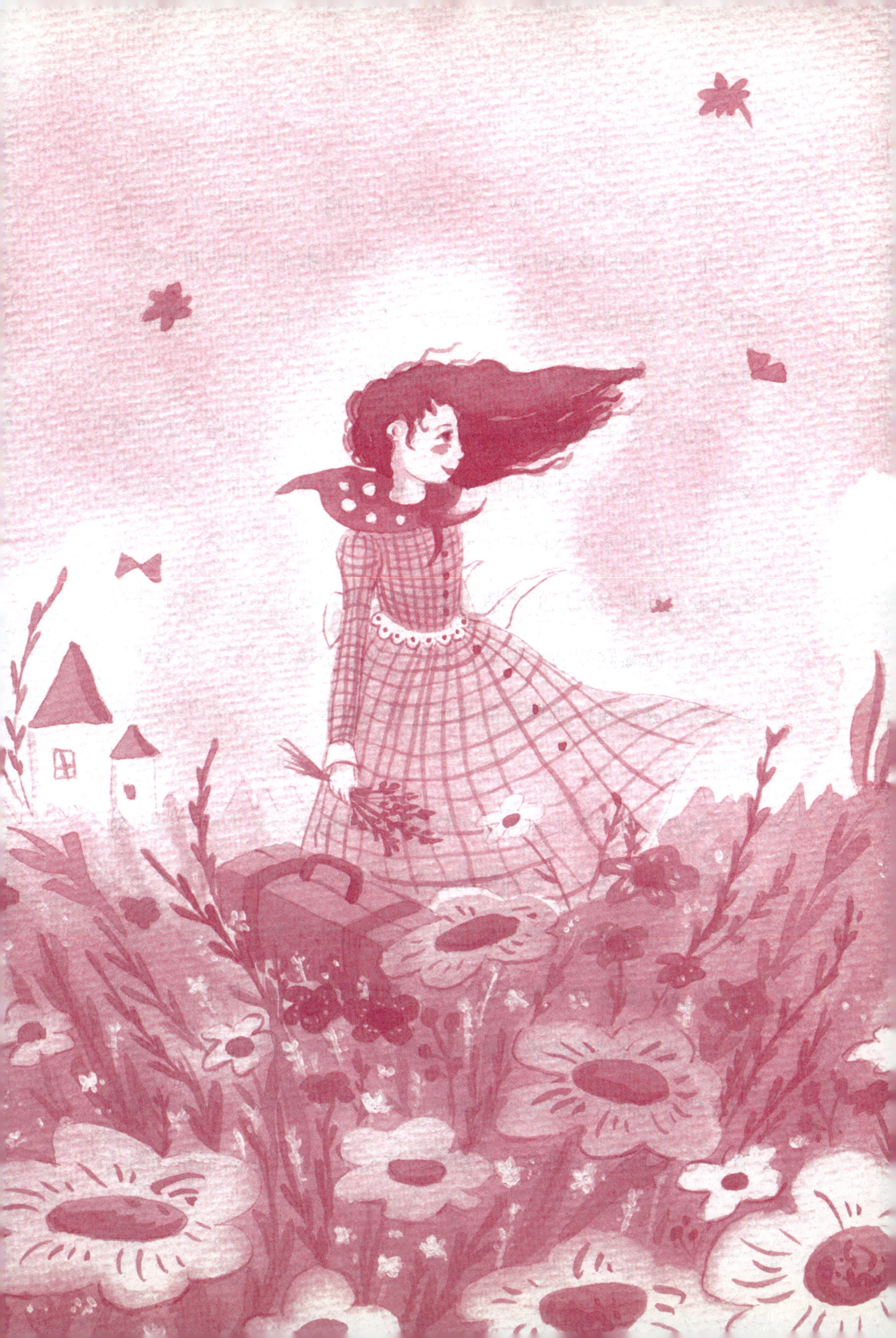

会因为早餐不合胃口而破坏了一整天的心情；因为多云的天气而意志消沉；因为身体舒适与否而很大程度上影响其性情和行为！年轻人值得去培养一种让身体经受"困苦"的品质——能够忍受身体不适，漠视奢侈和安逸，不依靠外界条件。

但是，对于我们大多数人来说，有另外一种更加重要的"忍受困苦"，这就是从我们所能拥有的东西中寻找幸福，而不是奢求我们不能或不该有的任何东西。学习把做一件应该做的，却是困难重重且令人厌烦的事情当成理所当然。我们总是会对那些得不到的东西蠢蠢欲动。但是，如果那些并不属于我们，我们就应该把精力放在我们所拥有的或可能拥有的事情上，并尽力把它们做到最好。

假设情况不允许你生活在自己最喜欢的朋友圈内或按照你最喜欢的方式生活——这种情况也会发生在很多毕业生的身上——除了极力重视你现在拥有的朋友，在周围的环境中寻找最好的朋友，还剩下什么呢？假设你无法选择那种你梦想中最适合你的生活，无法选择能让你感到最快乐的地方，那么请你记住，生活中的成功与失败取决于你是否能适应环境和是否能够在不可避免的复杂环境中发掘出新的成长动力。这在很大意义上讲就是"忍受困苦"。假设你一直在为你的未来做着美好的规划，可是突然一切都被撕碎，那你怎么办？你还能捡起这些生命的碎片，改变方式，继续用它们编织美好的东西吗？你能那样做吗——不是以一种冷淡的、坚韧不拔的态度去做，而是以一种欢快的、平和的心态去做。若能如此，你就学会了"忍受困苦"，就像圣·保罗所具有的相同的精神。

有时候，想象一下我们通向幸福的所有外在凭借，如金钱、地位和有影响的朋友，都被剥夺了，然后问问自己，没有了这些我们还能创造怎样的生活。那么，我们就会发现生命中真正有价值的东西，这对我们来说是有好处的。我们都相信——尽管我们通常表现得似乎不相信——树立坚强而高尚的人格是生命的宗旨。但是，除非为情况所迫，我们几乎没人给自己提供获得那些美德的机会，而那些美德比其他任何东西都更有利于树立高尚的人格！没有什么能比拼搏、磨难和困苦更有利于提高品格的了。

我记得最近收到了一封信，来自我认识的一个年轻女人。作为有钱人家唯一的女儿，她享受着优越舒适的生活，她知道自己很可能将继续享有这些。但是这个事实令她很担心，她写道，"对于我们这些生于富贵之家的人们，能做些什么来补偿所缺少的拼搏精神呢？"她很焦虑。一定有什么东西可以平衡这种缺失，然而生来富贵的人们中能认识到这一点的会有几个人呢？

当我想到一些毫无目的、懒散而又真有才能的女孩时，我经常对自己说："如果能使她们靠自己的能力获得想要得到的生活是何等的福气啊！"对于另一位过分热衷享乐、缺少真诚和人格深度的女孩，我很遗憾地说："除非发生巨大悲痛的事，恐怕没有什么能打动她，使她清醒地认识生活的现实。"只有付出巨大代价才能获得教训是多么悲哀啊！

一百多年前，当艾多奈拉姆·耶德逊（Adoniram Judson，于缅甸开荒的布道宣教士，将《圣经》翻译成为缅文）要作为我们最早的国外传教士队伍中的一员去印度之前，他向布拉德福的安·海瑟泰恩（Ann Hesseltine）求婚，他在给她父亲的信中写道：

现在我来询问您是否会同意在这早春之际与您的女儿分离，并从此再也见不到她；您是否会同意她离开您，前往异国他乡，经受一个传教士生活的困难和磨炼；您是否会同意她置身于大海的危险之中；遭受印度南方气候的致命影响；遭受各种物资缺乏与精神苦恼；生活水平下降，遭受种族迫害，也或许会死于暴力。

确实是一封不同寻常的信！艾多奈拉姆·耶德逊和他的妻子安也的确遭受了很多预测到的苦难。但是如果他们没有去经历，那些黑暗中的土地上将不会见到光明。如果不是这些具有英雄气概的人准备将命运握在自己的手中，并全身心投入，对文明和基督精神的祈求也就不会传到地球上那么偏远的地方去。

想要什么就有什么，想做什么就做什么，这对于任何一个年龄段的人都是一个致命的坏习惯，尤其在学生时代。相反，要培养远离奢华与安逸的独立精神，应该学习圣·保罗在了解自己拥有面对和处理生活中各种困难、险阻或危险的能力时所获得的快乐。

我们发现菲利浦·布鲁克斯的思想与圣·保罗写给提摩太的真挚的话语有着惊人的相似：

不要祈祷安逸的生活；祈祷成为更强的人！不要祈祷与你的能力相当的工作；祈祷拥有胜任工作的能力！那么，你做的工作就不会是个奇迹，而你将成为一个奇迹。每天你都会对自己感到吃惊，对上帝赐予你的丰富生活感到惊叹不已。

/ 女孩成长书 /

女孩成长书

Five
生活的节奏

偶尔给自己一个机会反思一下，扪心自问，充分了解自己，你才将会成为他人的一个好伙伴。此外，你更是自己的一个伙伴，因为这样，你的内心世界得到了发展。

再好的工作如果不伴随着娱乐都是会令人厌倦的

在《传道书》（*The Book of Ecclesiastes*）第三章中有一些建议性的诗句是关于这次谈话的主题的。在自然界和生活中它们表明了某种平衡或节奏。

任何事物都有其相应的季节；每个时期都有其相应的目标。

要出生的时期，要死亡的时期；要种植的时期，要收割的时期。

什么时候要哭，什么时候要笑，什么时候要哀悼，什么时候要去跳舞。

作者使用这类语言不是为了说明生活的韵律，而是为了说明它的生活节奏是多么的单调。与其说他不喜欢自然与人类处处和谐，不如说他对自然与人类的单调和缺少新鲜的事物感到悲哀。类似的事情不断地在上演，太阳早上升起，晚上落下，同样的过程将会在每个次日永无止境地重复着。所有的河流最终都流入海洋，但是海洋永不会被灌满。"对于这些事情，过去是什么样的，将来也不会改变。"人类的生老病死也将变成周而复始的历史。在阳光下没有什么事是新奇的。

这是一本悲哀的书，写的是在希伯来历史中备受压迫，动乱四起的最黑暗的时刻。这本书的作者是一个严肃而且思想真挚的男人，他通过自己的努力为他和他的种族找到了光明，但是世界依然是黑暗的。然而，他有一个勇敢和虔诚的灵魂，他的书充满了刺激性，应该有更多的人来阅读这本书。

对于以上我所列举的，大家可能会有不同的想法。我更倾向于其中的一种说法，即在日常生活中没有什么是新奇的，这是事实，我们不需要任何新颖的事情。对于那些曾经一直在发生的事情，都是我们所需要的，并且是我们应该需要的。如春种秋收、日夜交替、工作休息。这些伟大而必需的事物有规律地不断重复。从自然中我们能学到一些东西来让我们的生活变得更美好吗？我认为是可以的。

你是否曾经思考过自然界的规律？这里并不单调，而是充满了美好的变化。就像阳光是神圣的，但是永恒的白日会像黑夜一样糟糕。我们疲惫的眼睛是多么渴望静谧安详的黑暗啊！我们喜欢春天，喜欢温暖的日子和所有绿色的东西，但是无论我们多么喜爱春天，春日过后，总要迎来冰天雪地、万物肃杀的寒冬。

没有什么比我们的身体更能诠释自然的旋律了，这些精妙的身体只有部分受我们自身控制，更多地遵循自然的规律。这样的例子很多，如睡眠状态和清醒时分、肌肉的收缩、呼吸时空气的吸入和呼出。在所有身体活动中最重要的就是心脏的收缩，自然给予这个器官运作的规律，仿佛当它遇到问题时，人本身也无法控制。幸运的是，它们和我们一起决定何时该工作，何时该休息。那些热情的、雄心勃勃的心会战胜死亡，从而开始新生活。

没有什么能像爱默生的文章《弥补》（Compensation）那样更好地体现自然的此消彼长了。

此消彼长的现象在自然界中普遍存在，例如黑暗与光明的交替，冷热之间热量传递，潮水的涨落，两性之间的吸引，在生物新陈代谢的过程中，在心脏的收缩中，在水流声的起伏跌宕中，在地球的离心力、向心力中，在电流变化、化学反应中。如果南方吸引了你，你就会讨厌北方。如果此处无人，彼处便会拥挤。

自然界告诉我们如何能把生活建设得更加完美。首先，要了解我们和朋友之间的关系。离开朋友而独居的隐士，他的目的可能是要亲近大自然，亲近上帝，但是他没有遵循上帝的定律。人是属于社会的，在其全面发展的过程中，离不开和他人的交往。没有人能够脱离朋友、亲人之后活得很好。

另一方面，过多地和他人交往也会带来一些弊端。华兹华斯（Wordsworth）在他的文章中充分说明了这一点：

我们的世界太富饶，

迟早有一天，

我们的吸取和支出会损毁我们的元气。

自然界属于我们的微乎其微，

我们背叛了自己的良心，

为了肮脏的利益。

  从自然的生活节奏中我们了解到，我们不仅需要社交也需要孤独。如何适当地调节两者的关系是我们每个人面临的问题。你是否因没人陪伴而烦恼过？如果你认为自己是一个毫无生趣的伙伴，又怎么能让别人觉得你有趣？如果你自身不具备让生活充满生趣的素质，没有什么生活会永远幸福。偶尔给自己一个机会反思，扪心自问，充分了解自己，你才会成为他人的一个好伙伴。此外，你更是自己的一个伙伴，因为只有这样，你的内心世界才会得到发展。我曾听到过一位印度的佛教师父讲过他们国家的一个习俗，在他们国家，要求家里的每个孩子晚上独自在房间里待上一个小时进行思考。这每天的一个小时对于激发孩子的独立思考能力和创新能力大有裨益。

  然而，我们中有些人却要竭尽全力去培养和别人融洽交往的能力。如果你和他人关系生疏，如果你和偶遇的人接触得不自在，发现很难和他人建立友好的关系，那么应该认真改正这个缺点，如果这些情况得不到改善，必然会导致孤独的境地。

没有行动的思想就是空想。没有反思的行动对事物缺少智慧的思考。耶稣，经过一天的礼拜之后，通常要上山寻找孤独，在那儿他会找到第二天工作的动力。因此，每一周，在我们繁忙紧凑的工作之后，都会有一天休息和放松的时间。在休息日，我们要尽量排除各种会威胁休息的因素，因为这些威胁会使休息日和工作日一样繁忙和劳累。生活的节奏要求休息日要休息，要思考，要有趣，要远离繁忙的工作。有人说，周日应是令人愉快的，是与工作日不同的，是令人开心的。

随着年龄增长，我们逐渐理解生活有起有落。兴奋通常发生在压抑之后。生活有盈有亏，它不是静止的。我们要做到胜不骄、败不馁。当自信心和勇气退缩的时候，我们要相信自己，尽快重新振作起来。在处于人生低谷之际，我们应该慎重作出决定。就像莎士比亚所说的，"人生的潮水"要自己把握。

工作和娱乐都是健康生活的重要组成部分。再好的工作，如果不伴随着娱乐、休息都是会让人厌倦的。很多热衷于工作的人，最后都被繁重的工作所累倒，而如果他们适当地休息，就可能工作得更久。

对于那些不去工作而总是在玩的人来说，玩乐迟早会变得无趣。 童年时代以玩耍为主，但当童年过去之后，在大自然无情的定律面前，不去工作的人注定也没有机会娱乐。你游览过南方冬天的旅游胜地吗？如果有的话，你会发现那里聚集着一群没有追求、只为享乐的人。世上的工作都留给别人去做，他们则过着一种蝴蝶般的生活。可是令人奇怪的是，他们的脸上却带着不满足的表情。他们到处寻找幸福，但却连一个头脑清晰能给他们建议的人都找不到。原因其实很简单，那些拒绝承担工作的人，也必然会被排斥在享乐的圈子以外。自然界会验证它的定律的权威性。

那些疯狂玩乐的人，也未必会比工作的人更加快乐。自嘲、期待、企盼是另一种方式的愉悦。著名作家查尔斯·兰姆（Charles Lamb，英国散文家）在他的散文中，提到了他和妹妹至真至纯的快乐。当时他们杂事很多，而且收入微薄，他们没有钱去看电影，哪怕最差的座位就能满足他们的要求，而且他们看起来是那些观众里最开心的人。如果这样的美妙日子能够重新回来，他愿意将所有的财富埋没。

将生活的全部都给予社会的女人是体会不到这种幸福和快乐的。但是如果让她们在工作之余做一些真正值得的事，如相夫教子、写书、在社区做义工，这些社交成就会给予她们轻松和愉快的心情。而一个能够在学习时刻苦用功，并因完成任务而激动不已的学生，也会在运动场上释放最大热情，得到最多的愉悦。

在我们的国家中，有更多没有足够时间休息和娱乐的工人。工作确实是令人愉悦的，但我们也不能花费太多的时间在工作上。有些时候我们过于夸大了自己的重要性。我们认为如果我们停止了工作，一切就都停滞不前了。美国人没有哪一代比我们这一代更能感受到生活的紧张节奏了。每天，除了固定要做的工作以外，我们还有各种各样的额外工作。委员会会议和其他各种各样的服务占用了我们太多的时间。每晚入睡我们都会受到没有完成的工作的折磨。我们明白只有个人效率高，团队效率才会高的真理，但是我们不知道如何长时间地保证高效率。真正效率高的人，他们会尽可能地一贯保证高效率。

然而现实生活中充满了挑战。如果你是很能干的人，被分配去做很多工作，你是否会感到难过？不要难过！你应该知道，最可怜的是那些没有工作而不得不努力寻找工作的人。

在工作中，真正的问题在于很多人不会有效的工作。没有一个人能够承担超负荷的工作量却不以巨大的伤害为代价的。我们所期盼的最好的状态就是在劳作与休息、工作与玩乐之间有一个很好的平衡。有些工作本身就是一种玩乐，它要求各种脑力活动的参与。有些学者累伤了双眼去研究一个问题，其结果颠覆了他的本意。许多商人夜以继日地工作，直到工作已经提不上效率而不得不告罄。

有些人给出了如下的幸福定义：工作、娱乐、学习、大笑，和自己的爱好。娱乐需要被看成是生活不可或缺的一部分。如果没有娱乐，生活只完成了一半。

作为一个聪明的学生，即使学业繁重，也会保持学习和玩乐、社交和独处的平衡。除非他身体非常不好，否则不会到期末时健康状况欠佳。因为他的体能在平时没有透支，他的未来便没有负债。

每一天的工作和学习应该得到很好的平衡，使得每一天的能量支出与能量需要成正比。但是对于老师和学生来说，学校生活包括大量的脑力劳动，我们应该比那些产业工人更加关注自己的压力不要超负荷。没有多少师生能够承受一年50周的工作和学习，这就是为什么会有假期的原因。假期到来的意义和目的，就是以自然规律为基础，调整自己的身心，使身心平衡。我们要与这些规律主动配合。有些人并不理会，不按照自然规律调整自己的身心，回家只休息三周，然后就都沉浸在了社交的花天酒地中。那么问问自己，你调节身心的方式是否能保证你返回工作岗

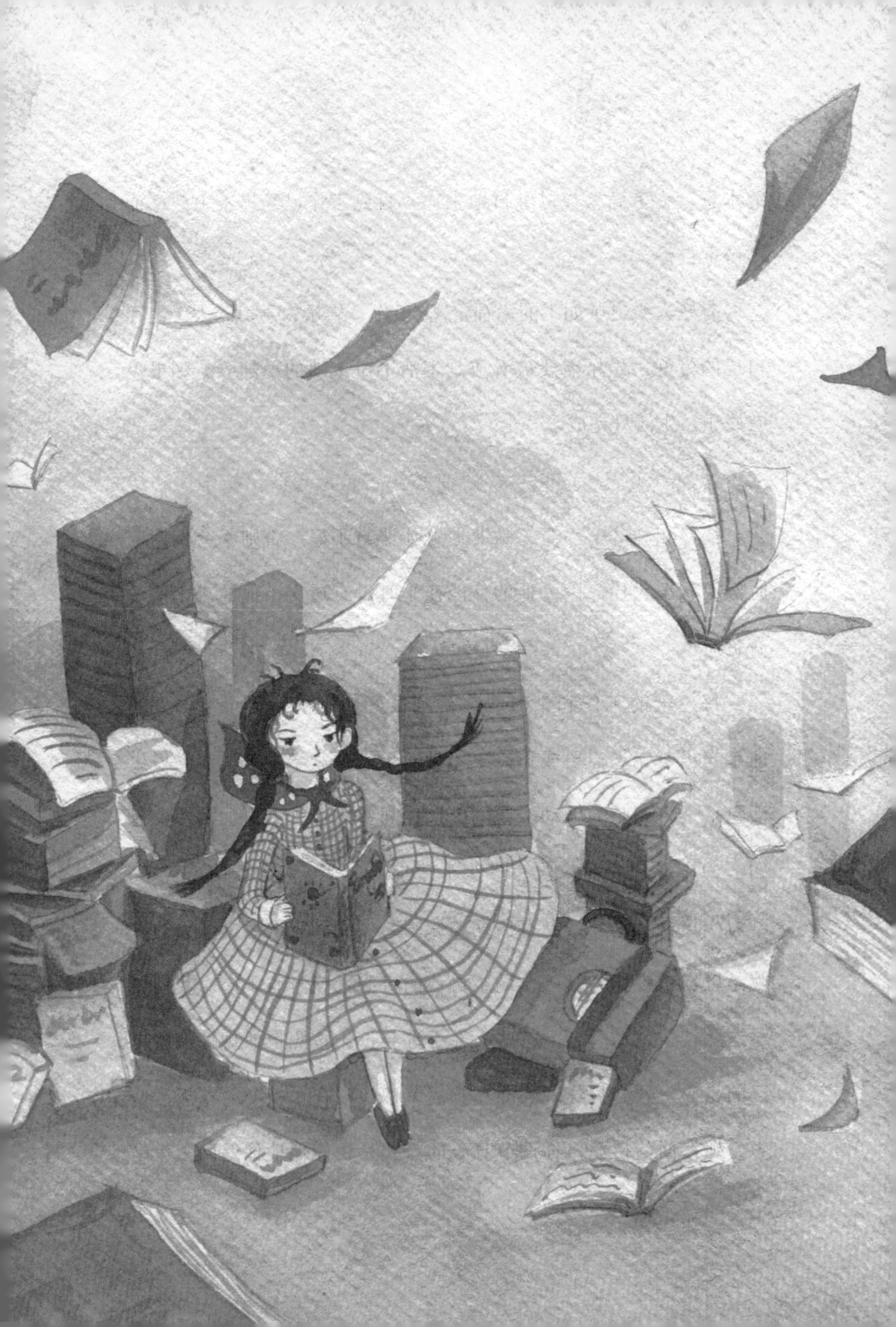

位之时能够恢复体力。我们休息是为了更好地工作，这就是假期的意义，我们应该好好地利用它，而不是荒废它。

有些学生在放假的同时也把在校期间的压力和紧张带回了家，他们夜不能寐，心里还想着学校的功课是否能完成。不要为明天的事情担忧，明天的好坏与否就让其自己去承担吧。

当假期到来的时候，我想知道一个年轻的学生是否会将其全部用于玩乐。对于我们这些年长的人来说，当有重要的事情要做的时候，我们在假期中几乎难以全身心地放松休息。原因就在于我们在短暂的假期中有太多重要的任务要完成。而对于学生来说，这其中有一个中间地段，介于休闲的假期和繁忙的学校生活之间。别忘了更换一份工作也是休息的一种。如果你的暑假是在学习一些与学校课程完全不一样的东西中度过的，那么这时的休息和娱乐就能够彼此相得益彰，互相提升。

你有没有受到这样一种情况的困扰，即假期即将结束时工作学习的热情不如假期伊始时高涨了。请不要为此困扰。就在假期接近尾声我们又倏忽回到原来紧张的生活时，我甚至怀疑是否有过这个假期。我们在假期中总是试图做一些与我们平时所做的完全不同的事情。而做的事情越不同，我们的心智就越难回到正常的轨道上来。

当我们假日后振作精神重新回到正常的工作轨道上来时，其中的震撼是很大的。此时有机会重新开始，纠正以前的错误、展望更好的未来。随着时间一周周在我们眼前摊开，也带来无数的机会。从下一个假期开始，在心中树立一个坚定的信念和目标，那么当假期结束后，所有的新气象都是属于你的。因为假期的重要目的之一就是恢复生活的节奏。

/ 女孩成长书 /

Six
困境的功效

人生处于逆境的问题，打从世界诞生之时就存在；既然没有人能够逃避，那我们就要做好迎接它的准备。

驾驭困境

接受每次拒绝就使地球的平坦变得崎岖，每丝刺痛喊出的既不是屈服也不是忍受，而是前进！

你可能读过勃朗宁的这些文字，但你并不一定相信它们。你说，世上一定有困境的存在，一定有冷落、伤痛和艰辛，忍受它们的痛苦无法言说，为什么要假装在这其中发现乐趣呢？

为什么要与青少年谈论困境呢？心中充满希望与快乐是好事，然而，忽略了其他因素和生活的灰暗，便不利于摆脱困境了。人生处于逆境的问题，打从世界诞生之时就存在；既然没有人能够逃避，那我们就要做好迎接它的准备。年轻人在严肃课题上的兴趣，不比他们的长辈少。他们关心生活的深层事物，并渴望了解它。

事实上，如果一个人很年轻，他必定没有艰难的工作经验，没有沮丧，挣扎或悲伤过。有时，困境是大家都有目共睹的，有时候你觉得困境只是别人的事。"辛酸只有心知道。"如果你从来没有被要求独自走出深渊，那么当有一天，你深爱的人们被要求这样做时，你不得不站在一边忍受着同情的折磨。

此外，年轻人有自己的沮丧，有需要承担的悲哀和忧患，而那些年长的人是猜不透他们的心思的。你相信世间都是美好的吗？当你发现这是一个极其糟糕又极其美好的世界时，你受到过源自敏感灵魂的震撼吗？当有如此多的痛苦、磨难和罪恶时，你还坚信上帝能在天堂管理好世界吗？这些问题需要很长时间去想清楚，有些人的解答是"岁月促成哲学思想"。对有些人来说，这些问题无关紧要。

你对自己信任的人失去过信心吗？并且因此挣扎，唯恐失去对人的信任吗？还是你根本就是不相信自己？尽管热情真挚的渴望对世界有益处，但是你处在一切不确定的境况下，有什么地方可能容纳你？所有这些困惑，常常转变为信仰危机。如果一个人相信任何事情，人们就不知道是应该相信他还是怀疑他。在对现实生活的适应过程中，许多年轻人经历了比让他们"说不"更严肃的考验，卡莱尔（Carlyle,英国历史学家）描述过，许多儿时的爱好与信念随着年龄的增长而消失，而成熟的男子气概或女性气质尚未成型，灵魂似乎没有定位。我们很少重视年轻时的经验，无论严肃的抑或是神圣的。这些经验被漠视的原因之一是，年轻时缺乏远见，所以没有留下当时的记忆。事实证明，即使在我们20岁时，生活也不是永远充满阳光的！但是，这些年轻时的经验，如果存在于记忆中的话，我们将从中学习到经验，形成更真实，更深刻的自我认知，并调整行为适应现实。我们学着适应现实世界，在此过程中找到真实的自我，而不是生活在幻想中的自我。

我入睡，梦见生活之美；
我醒来，发现生命之责任。

在重新调整的过程中涉及两个事物的协调，清醒时对生命义务的探索和睡梦中对生命之美的协调。

在重新调整的过程中，首先要学习的是，我们没必要拥有我们想要的一切。一旦认识到这个事实，我们就在追求幸福的途中了。那些被父母溺爱的孩子，不经历过一些不愉快的体验是意识不到这一点的！当生活不再带来他们想要的一切的时候，这种想法才在他们思想中萌芽！他们可怜、狭隘和自私的想法必须被取而代之。在世上，没有人总是可以心想事成，没有人的命运总按照计划进行，我们最珍爱的事物随时可能被夺走，我们有必要在生命之初形成一个习惯，就是充分利用我们的未来。我们应该认识到，那些我们不欢迎的事是最真实的，它们表面看起来既艰难又可怕，实际上是变相来帮助我们成长的。正如勃朗宁所说，它们是伪装的朋友。

困境的功效

困境有许多种，其中有些困境是让人难以承受的。相对来说，艰辛和怠慢是最容易承受的。金钱或物质财产损失并不像起初看起来的那么严重，而悲伤更难以承受。正如莎士比亚所说，无论生活中遭遇何种程度的逆境，它的头上很可能戴满珍贵的宝石。

面对困境人们有以下几种处理方式。错误的一种方式是将困境视为阻碍，埋怨困境，且允许困境破坏我们的生活。我们都见识过在生活中这样面对困境的人。

　　忍受困境是另一种面对困境的方式。这无疑需要些勇气，但仅仅忍受而不思改变并不能带来甜头。这个人不会真正获得胜利，除非直面困难，并积极行动。

有比埋怨困境和忍受困境更好的事情，那就是在我们渡过难关之前，驾驭困境，这对我们有益处。正如雅各布从天使那里骗取祝福，我们本能地认为，困难是有限的，我们可以从它带来的势不可挡的灾难中丰富我们的人生。正因如此，我们懂得悲痛的深处有可依赖的力量源泉，以深入的同情涉入他人痛楚的人，天生就饱受痛苦折磨。

你很难想象，一些富裕的家庭突然破产，也会给其中每个成员带来巨大的收获。儿子，曾过着豪华舒适的生活，转眼沦落街头，虽被迫自给自足，却从而获得以前一直渴求的男子气概。女儿，为了家人不得不承担一些生活的责任，而不仅为满足自己的私欲，正是这些造就了她们的坚强与女性气质。

按理，患有不治之症对任何人来说似乎都是最不幸的。可是为什么很多残疾人往往是最乐观、最平静、最鼓舞人心的人？在我生命中碰巧认识几个这样的人，如果我需要鼓励就去找他们。受其影响，所有计划失败的沮丧，所有苦难和痛苦都已经蜕变成性格中的坚强乐观。如果生活的主要目的是塑造性格，我们何必关心性格形成的途径？它为我们提供物资，然后以自己的方式去完成一个有价值的成果。"生命是原材料，"歌德说，"人，即是把它们塑造成美好事物的艺术家。"

我认识一个女人，她接连失去了她所有的子女。上帝带走了她的子女，却让其他幸福的母亲子女绕膝，按说她应该会变得绝望，哭泣自己的不公平。然而，她却成为了慈善的天使，力所能及地帮助有需要的儿童。她检验纯净牛奶的标准，保持更好的卫生条件，打理游乐场和免费幼儿园等，尽心尽力做好这些工作。

毫无疑问，她使同她一样有着悼念之情的母亲停止伤感。她比经历巨大痛楚之前更温和、更和蔼、更有爱心、更无私。除此之外，她的生命对世界而言，可能也比最初更有价值。她将悲痛蜕变成无私的服务。"当苦难磨砺我，我会如真金般不怕火炼。"

为什么苦难会降临在我们头上，这个问题一定是个聪明人问出的。自古以来诗人写了大量描述痛苦的诗。然而，这些作品没有探究出上帝为什么制造困境，尽管他认识到，困境并不是惩罚。他还了解了应对困境应有的态度和忍受困境应具备的精神。这对于我们也同样适用，我们以正确的方式应对困境，要比知道困境为何而来重要得多。你肩负的重负或承担的痛苦，看起来很沉重吗？你曾经想反抗它，并且与那些没有类似苦恼的人相比较吗？你很清楚，那不值得你展现最好的自我。对你来说，这种困境，不管它是什么，它不仅不会破坏你的性格和生活，而且还会丰富二者。也许，这是获得某些你需要的特质的最佳途径。通过困境，你经受了考验。顺便说一下，你忍受了困境就决定了你未来的生活。这是你会拥有的一部分，尽管是困境，但是因为它的存在，你比之前更强大了。

没有什么定律比补偿定律更坚不可摧，它帮助我们甘心忍受了很多艰苦的事情。正如爱默生的著名散文——每个尝试为生命阐明哲学观的青年人都应该读过——其中清楚地说明了这一主题。"对于你失去的一切，你都获得了其他的事物来补偿，而对你获得的，你一定又失去了什么。"当你不得不放弃一些珍爱的东西或美好的梦想时，尝试去发掘你在这个境遇下收获了什么吧。

也许你渴望成为一名音乐家、艺术家或是学者，或许生活的使命，为履行这一珍贵的梦想制造了障碍。接着你会发现，这些磨砺你的自我意识的使命却成就了你的梦想。"我们不需要将现实理想化地去认识理想。"没有什么比肩负责任更能使年轻人的品质迅速成长的了。当你的朋友在音乐或艺术上完善自己，或通过境外旅游扩展视野时，你正在为他人担起重担。难道说对你是损失对她是收获？事实远非如此。事实是她获得了一件事，你获得了另一件事。通过此事，你发现了令人惊讶的真相。对照你身边的朋友，你会看到所有的人优点差不多与缺点平衡，而每件事都有好的一面和坏的一面，以致事情绝不如它一开始被安排得那样不公平。

另一种可以帮助我们适应生活中困难的思想是，随困难而来的一些损失，失望和悲伤，使我们更珍惜我们拥有的美好。青春是浪费的，如果意识不到它的价值。对我们而言，似乎没有什么是我们意识不到的。补偿定律的内容之一是，我们失去的越多，就会越重视余下的。也许，这是对成长的最大补偿。虽然无情的岁月带走了许多我们曾执着一念的事情，然而，不知何故，我们将余下的事物给予那么高的价值，尽管损失不断增加，而我们仍旧增加了快乐。在寓言书的古老故事中，蕴涵着很多这样实用的思想。

对于哪条路通往幸福和成功，我们是多么无知！然而，我们确信，至少我们知道摒弃我们走过的错误道路。然而，一种强大的力量一而再、再而三地改变了道路的方向，迫使我们走向不同的崎岖的道路。随后，回顾过去，我们往往意识到，生命带给我们最美好的东西，是在战胜完美计划的途中不断出现的。

/ 女孩成长书 /

Seven
学院精神

尽管学院精神可能仅仅是一种感情,但正是它给予了一个美好校园生活以最深层次和最丰富的内涵。

去做一个优秀学校的有价值的一员

我们的教育机构里存在着众多巨大的力量，这些力量可以塑造年轻人的品德和修行。而其中最具效力的无疑是那个无法定义、无形的却具有强大力量的"学院精神"或"学校精神"。学生们常常会在说法上犯错误，尽管表达上欠佳，但表述为"精神"是对的。学院精神经常表现为一种学生无私的态度。会让人听到某种超越自己的东西的召唤。

尽管学院精神可能仅仅是一种感情，但正是它给予了美好的校园生活最深层次和最丰富的内涵。在学生的生命中，它是一个无法从头再来、无法忘却的时代。它不仅是珍贵校园生涯快乐的源泉，更是激发自己奋勇进取的源泉。

虽然很多走读的学校也具有浓厚的学院精神，但只有在那些学生能过上一种集体生活的学校或大学，才能将这种精神发挥到极致。在这样的学校里面，学生们生活在集体之中，远离家园、远离那些容易让他们彼此分开的生活。这样的团体所培养出来的亲密无间为建立深厚的学校精神打下了完备而坚实的基础。

学校的许多活动把学生团体的每名成员聚集到一起。如游戏、体育运动、嬉戏等，这些都需要大家共同参加。学业，要在同样的条件下完成。所有的这一切都继承了学院的优良传统，并且把理想建立在所有人的共同生活之上。而且这些东西往往会消除分歧，营造民主。总之，它们成为学院精神的塑造者。

集体生活和个人生活是不一样的。群体中的成员相互依赖，互利合作。在环境相似的情况下往往会有不同群体的冲动、情感，言行举止都不尽相同。每个灵魂深处都点着一团火，这火焰在生命与生命的交融下越烧越旺。这种本性与本性潜移默化的影响时好时坏。具有伤害性的影响发展到极致就被称为"暴徒精神"或"暴徒法则"。

就在你们聚在一起受到周围朋友影响的时候，并且在相同的传统和理想的鞭策之下，你们会创造出前所未有的巨大的影响力，而正是这种巨大的力量在你们每个人身上发挥着重要的作用。这是在性格成长中最重要的因素，尤其在性格形成的时期。如果你曾打算实现自我价值，你应该呼吸纯净而健康的社会空气和感受良好的社会影响。然后，你应该问自己，在这个你每天都生活的社会中，你要收获什么？你要为它做出什么样的贡献呢？

　　我曾经站在英国伊顿公学（Eton College，坐落在英国温莎小镇，是英国最有名的男校之一）的教堂里，注意到墙上挂着的油画和牌匾，上面布满了成百上千的烫金人名。这些人都是伊顿公学的毕业生，他们毕业多年后曾经给学院带来特殊荣誉。我仔细观察到，有一个家族的名字反反复复出现了好多次。我还听说这些名字现在依然显赫地出现在学校的光荣榜上。我不禁自问，一个年轻人怎样才能进入伊顿求学并获此殊荣呢？这正是他的家人、学校及他的祖国的期盼。大概其中的一个原因是：他通常是最优秀的，而且同一个家族世世代代都是英才辈出。我也在想，一定有那么一种激励的力量存在于这个辉煌的拥有五百年历史的学院之中，它激发着年轻人去进取，去到达奋斗的巅峰。他们以伊顿公学为荣，伊顿公学也以他们为荣。

在这个国度里，没有哪一个学院能像伊顿公学那样悠久而古老。尽管其他的名牌学校也都有其优良传统。高贵的生命中那些发自内心的服务意识塑造了这些优良传统。在所有这样的学校之中，有人可能会说他们的儿女是如此爱他们的母校，以至于他们生命的主要目标是给母校增光添彩。只有受到了这样动机触动的学子们才能获得真正的学院精神。这些学子渴望为他们的母校留下真正的价值烙印。

我设想只有将学院精神与体育运动相结合的时候，这种精神才能体现得淋漓尽致，才最具说服力，而且，在校内活动中，体育运动将这种精神达到了顶峰水平。某些学院的权威人士坦诚地说，尽管体育活动干扰了正常且严谨的教学工作，而且还会带来其他不利因素，但是因为它们会培养学生们的学院精神和其对学校的忠诚，所以他们允许开展这样的活动和比赛。体育竞赛是有好处的，因为它训练学生们去听从指挥，学会自我控制，提高警惕性及培养坚持不懈的意志。个人有时会为了集体利益而舍弃自己的利益。这样就塑造了高尚的人格且培养了良好的公民意识。与所有的普通对抗赛相比，我们不能低估在一场接力赛中运动员所表现出的极大的热情的价值。当这种竞争成为一种良好的品质，当选手们都遵循公平竞赛的每条规则的时候，这种影响力是全方位的。

　　然而在比赛中，为整个队伍大声欢呼加油的人并不仅仅是学生们，他们的家长、朋友才是真正的主角，家长们和朋友们才是在公共场合最能受到学校精神感染的人。除了学生们对学校有着发自内心的忠诚外，他们的家长及朋友们更是学校忠实的追随者。有一种比慷慨精神更为力量巨大的忠诚让他们尽情地享受胜利所带来的快乐。一个学校应该仅代表正义，这是它的愿望。一个学校应该受到尊敬；而且，它理应值得尊敬。

任何一所学校都是一个教育机构，这是一个不争的事实，而且这一点至关重要。学校要么名副其实，要么关门停办。如果一个学校在教育方面不成功，那么它在其他事情中的成功何在呢？没有人因为一个学校入学门槛低而感到荣耀，在这样的学校里，任何人都可以留下来读书学习，学生们不可能去考虑自己的学业成绩。学生们并不重视自己的学业，同时他们也不会去想能否学有所得。他们认为这种事情完全属于个人，并相信只有他们才是受罪的人。可事实并非如此，松散而冷漠的学习状态正在降低学校的办学水准。由此你对学校产生不信任，你的举止可以说明你不再关心你的学校是否受人尊重。这表明你对这个身为其中一员的集体根本没有负罪感了。这意味着学校最需要的精神在实施过程中的失败。在那些激动人心的场合下，我们可以为学校欢呼，歌唱，但是在你的内心中，学校更需要具有哪种精神呢？

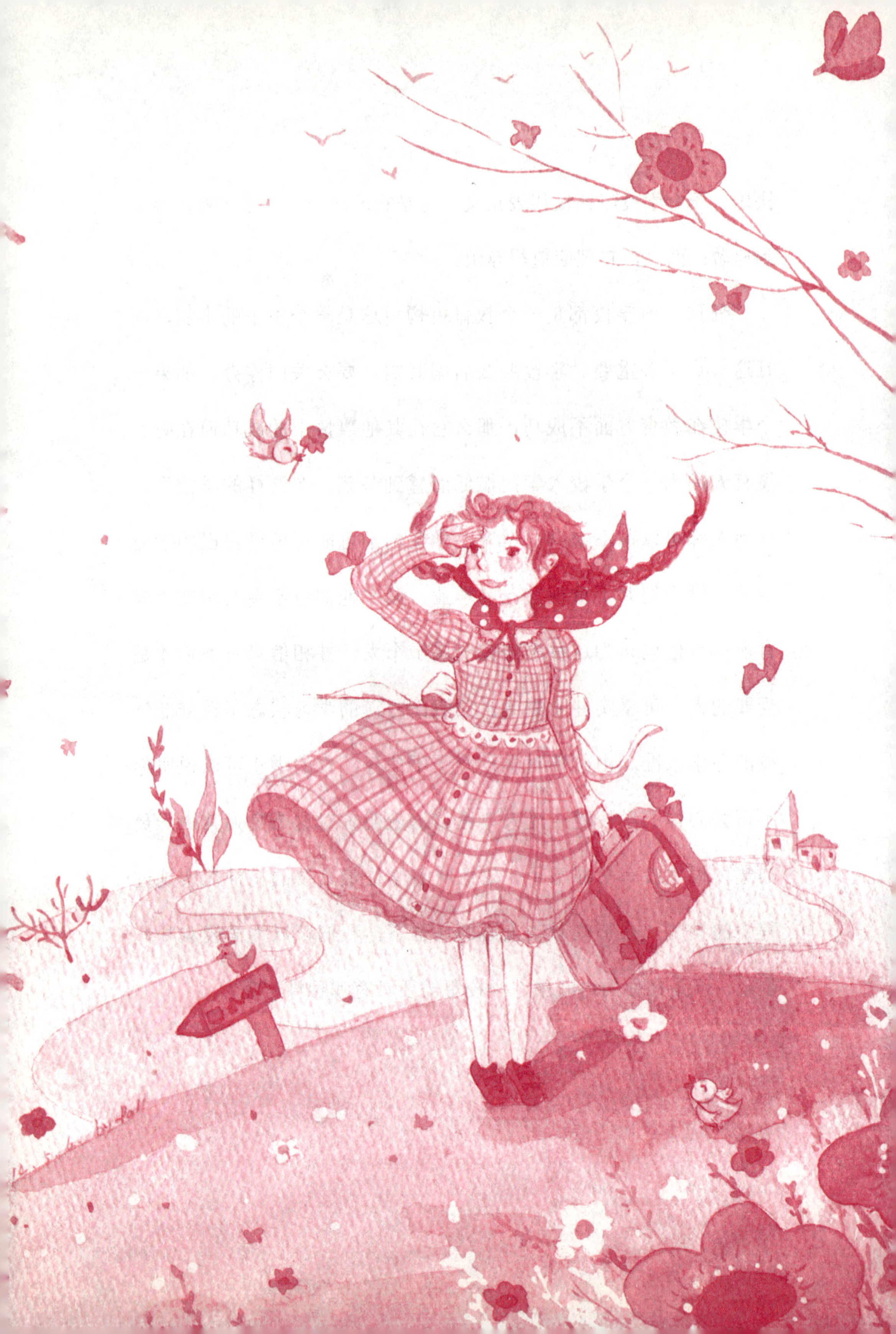

任何一所学校都应该时刻保持自己的教学水平，同样的准则也可以应用于其他事宜。你的着装、你的言谈举止、你的行为，都透露出你的学校的品格，你是学校的产品，世人会无休止地追问，究竟有什么东西在学校内一直延续或者它的影响究竟是什么？世人可以凭借它的产品来衡量一个学校。如果你想让你的学校得到尊重，你应该在任何时候、任何地方都真真切切地将学校精神展现出来。

你去上学是为了获取知识，但是如果你把获取知识当成你想要的一切那就有点遗憾了。那些离校多年的年轻人，有时可能会聊起一所大学教育的优势。一个人会向另一个人说："回想起你的大学生活，你认为在大学生活中获得的最宝贵的东西是什么呢？""激励。"他可能会不假思索地回答。在这一点上他们达成了共识。

同大学时代相比，校园时光更像是生活的前奏曲。在那时候，学生会更容易受到强烈的影响。那个学校让你做出了你在这个世界上应该去做的而且值得做的决定，那所学校唤起你心中最好的自我，并且燃起为了崇高的理想和目标而全身心投入的烈焰，学校所给予你的这些会让你永远不会忘记。

当学生们离开学校的时候，他们很少会明白自己留给学校什么东西。你所留下的东西与校园生活交织在一起。正如丁尼生（Alfred Tennyson Baron，英国19世纪的著名诗人，在世时就获得了极高的声誉）在《尤利西斯》（*Odysseus*）中所说："我是我所遇到的事情的一部分。如同在你的身上所体现的成百上千的人对你的影响一样。因此其他人正背负着并且将来也会继续承载着你的影响痕迹。"

去做一所优秀学校的有价值的一员，那将是你的一个巨大优势，这种优势地位正如它所显示的一样蓬勃发展，会激励你发挥到最好，这种刺激是用其他方式得不到的。这是一个显著的荣誉，它保持和加强了你的名副其实的本质。如果你拥有良好的学校精神，你可以义无反顾地将你的巨大影响注入一项伟大的事业中去，去把你的学校建设成为可以让未来的学生学会如何满足和承担生活中责任和义务的地方。这种能够让成长变得轻松的氛围只有靠真正的人格和生命与生命之间的感悟才能营造得出来。

女孩成长书

/ 女孩成长书 /

Eight
随遇而安

一些女人没有成功是因为她们没有得到她们认为自己应该得到的社会地位；另外一些渴望奢侈和安逸的女人却否认这些。

我是我命运的主宰

我曾经注意过很多看似漫不经心的人其实是幸运的宠儿,他们不必过多地担心一些表面上很严重的事情,他们不必将小事情扩大化,从而失去生活本身的乐趣。世间大部分的男男女女厌恶命运,这种不满来源于某些被剥夺了的既定利益。要是没有这样或者那样的不利条件,他们的生活将会幸福和成功。如果某个人拥有世界上一小部分的财富,如果他真得到财富的青睐的话,他就总会思考自己拥有了什么或者自己可以做些什么。他忘记了去感激健康,感激家人、朋友和一连串的幸运。在他的内心深处有着一种信念,即财富是他幸福的源泉,尽管他也知道财富不一定会给人带来幸福。所以他经常感到不满,总是抱怨生活质量很差。

还有另外一种情形,没有健康的身体和充沛的精力无疑是造成不满的原因。这样的人忘记了世界上大部分最优秀的成就是由那些身体脆弱的人完成的,像达尔文(Darwin,英国博物学家,进化论奠基人）、赫伯特·斯宾塞（Herbert Spencer，英国社会学家）。还有人不快乐是因为他生活的环境里缺少优势和机遇。他坚信要是老天没有无情地剥夺了他成功的机会的话，他一定会成为艺术家、音乐家或学者的。然而我们看到，很多在各个领域取得成功的人士，尽管面临着在外人看来难以克服的艰难险阻，但还是取得了巨大的成功。

一些女人没有成功是因为她们自认为没有得到应得的社会地位；另外一些渴望奢侈和安逸生活的女人却否认这些。在生活中很多女人愿意放弃整日的无所事事，渴望去找些事情做。就工作而言，似乎世界上一半的劳动者在羡慕另一半从事特殊职业的人。每个人都能看到别人的优势却看不到劣势。靠体力吃饭的人妒忌那些商人和技工，总是假想别人的工作十分安逸并且收获很大。然而那些商人和技工也经常会羡慕这些体力劳动者，因为他们无须太用心，生活很简单。因此每个人都只是看到自己工作不利的一面，内心全是不满，对于邻居也只是抱怨，却很少有人愿意承认这种不满情绪的原因其实在于我们自己。

生活中，有些不满是对的，这种不满来源于我们天生的渴望。能感受到这种神圣的不满的人会知道他的生活原来应该的样子。他下决心尽可能在将来弥补过去的不足和不满。他会用惠蒂尔（Whittier）的话来激励自己：我知道我得到的有多么少，我知道我没得到的有多么多。如果我们曾经满足于所得到的，这只能意味着我们的成功标准过低。

有人曾经说过："一个人应该永远不要相信自己已经取得成功了，而是应该相信自己将来会成功。"

对自己的所得不满，与对环境不满完全是两码事。我们可以选择改变它或者不去改变它。如果我们有能力改变而不去改变，那么责任就在于我们自己了。而生活中有时必须屈从不利的环境，这又该怎样面对呢？简言之，如果你不能拥有所喜欢的东西，就应该试着喜欢上你现在所拥有的。你应该坚信不利的环境不会拥有大到足以打败你的力量，以致毁灭你的生活。去掌控环境，而不要让环境控制你。去掌控环境并不意味着你去改变它。有时候我们仅仅需要改变对它们的态度，如此一来，这些不利环境将不再是弱点，反而会成为优势之源。一个明智并且积极向上的人，做得更多的事情是去改变他的生活环境，然而在每个人的生活中总会有某些事情是不能够改变的。我们对待这些事情的态度正是对我们品格的真正的考验。

更确定的事情是，如果你想在有生之年成就任何事情，必须利用你所拥有的优势，而不是奢求那些更好的但不属于你的优势，如果你曾有过这样或那样的机会，不要空说怎样去做。你所得到的那些机会将会考验你对机会的把握。

太多的女孩儿大学毕业后会回到家里，过着不稳定、不满足的生活。有人说大学应该对此负责。但是这么说并不公正。这种困难除了和女孩本身有关，更多的是那些对她寄予厚望的家人、朋友造成的。更为常见的是，一个积极的、有抱负的女孩儿迫于压力将自己的生活定为无用。大学时代的启迪对她的影响深远且强烈。她的情感、思想和灵魂的力量被唤醒。她拥有了宽广的视角，这个贫瘠的世界需要被深深地植入她的心田。她想通过自身的努力使这个世界变得更美好。仅仅作为无用的花瓶在家中摆设并不能满足她的欲望。对从业强烈排斥的做法也屡见不鲜。她在比较闲散的生活中会感到快乐，而缺少发自内心的要对某些事情负责的欲望。那些没有找到人生坐标的且受过高等教育的妇女，她们的种种不满起缘于此。

然而这种不满的真正原因在于女性相对较差的环境适应能力。很多女性大学毕业后，怀揣着一份在世上寻找用武之地的梦想，却发现由于为家庭所累不得不足不出户，待在家里无所事事。她甚至不得不住在一个脱离兴趣且一成不变的环境中，没有动力刺激，没有性情相投的伙伴。某个时候你会发现自己正好处于这个状态。对此你能做什么呢？你会选择一种不仅让你变得更悲惨而且将你的生命变得渺小的生活方式吗？或者你足够勇敢去追求自己的道路，将你的人生放大和美化，造福于他人。如果你不知道自己要做什么，就想想爱丽丝·弗里曼·帕莫在那种——渺茫的机会和缺乏鼓舞人心的力量——恶劣的环境下会怎么做。这样一来，你就知道答案了。像她这样一个具有伟大精神的人将会创造出一个属于自己的天地并且具有使整个沙漠开满玫瑰花的能力。她在最艰苦的情况下看到了可能。她在最无聊的环境中找到了可以做的事——只要有社会的地方就会有活干——将小孩子引领到正确的人生道路之上。只要有城市、城镇或者是乡村，就去寻找能改良社会的工作。

你的生活是否被某种责任所限制，这种责任使你不能明哲保身，而且不能逃避？你渴望自由吗？渴望以自己的意愿来决定自己的命运吗？如果你能够追寻着自己选择的道路前行，你将会如鱼得水。有这种渴望并不意味着你与众不同。让我们服从于我们身上所承载的束缚会很困难。那些你最羡慕的人，可能会羡慕另外一些没有特别束缚的人。他们中有的人会羡慕你。我们早就该从中领悟到：生活中的束缚经常会引领我们通向更广阔的天地。由于我们在这些束缚下劳作，我们时刻都发现自己沉浸在自怜的状态中，想起那些创下丰功伟绩的人物，尽管束缚更加严重，或许正是因为这些束缚，他们才取得了成就。林肯接受的教育很少；达尔文身体残疾，却毕生从事研究工作；海伦·凯勒（Helen Keller，19世纪美国盲聋女作家、教育家、慈善家、社会活动家）无法用视觉和听觉感知世界，却卓有成就，让大多数正常人汗颜。露易莎·奥尔珂德（Louisa M. Alcott，美国19世纪最伟大的女性作家之一，以其代表作《小妇人》闻名于世）为了她所爱的人忍受艰难困苦和孤独寂寞，写下了让人百读不厌的故事。伊丽莎白·巴纳特·勃朗宁（Elizabeth Barrett Browning）用歌声让世人感受她的疾苦。历史上有太多这样的榜样，过去如此，未来也将如此。那些想要成为领军人物的人们，大多数正在与逆境进行着抗争。

正如应该创造让自己更美好的东西一样，我们也要创造出最好的环境，这样才能创造出最伟大的人。你若想进步，就必须脱离原有的那些朋友。另外，如果你不能和自己喜欢的人成为朋友，那么就喜欢能成为朋友的人。当一个人开始在这方面下决心的时候，进步会是很惊人的。只要尝试，你就会吃惊地发现那些原本与你没有共同之处的人，和你有着很多相似的品质。

另外，如果你要把别人塑造得更好，你应该先做最好的自己。有些成功人士，没有勇气去正视自己的本性，当他认识到自己那些已经克服的缺点或错误又出现的时候，他便在与外部世界艰难险阻的较量中失去了勇气。世上没有比战胜自己更严酷的斗争了。有时候我们会在征服困难和克服错误方面丧失信心。当面临着要在正确与错误中做抉择的时候，是没有现成的书本让我们参考的。对困难不妥协才是对的。

大概是我们高估了自己的能力，我们总是期望着那些不可能获得的东西。巴黎充满了颓废的艺术家，他们曾经想在那里大展宏图，然而他们的梦想却从未实现过。每一个图书出版商对作者都有很多期望，可是他们中的大多数都不能被世人所知。

有宏图大志是件好事，但是难以实现的雄心壮志却经常挫伤我们的信心。我们中的大多数人在成功的路上会受到束缚。

其中有些束缚会征服你，或者是自然的力量，或者是重大的事件，或者两者兼而有之。但不应该因此改变你的人生进程。面对无法摆脱的束缚，我们应该接纳自己，倾尽所有力量去创造让生活成功的可能。

成功的生活——这种人类最高的追求，除了依靠外部环境，还需要机会,以及摆脱纷扰的能力和豁然乐观的精神才能获得。我们最后分析得出来的结论是:利用我们现有的东西,依靠我们自己的力量,努力做到最好。如果一个人能够做到这点,那生活对其来说就不会有厌烦。

不幸和失望不能击败他,也不会打破他内心的平静。无论何种境况,他都会说出威廉·亨里(William Ernest Henley,英国作家、编辑和文学评论家)的话:

> 无论道路多么窄险,
>
> 尽管考验无法躲闪,
>
> 我是我命运的主宰,
>
> 我是我心灵的统帅。

/ 女孩成长书 /

|女孩成长书|

Nine
冲突的忠诚

有一位哲学家说:"如果你想成为一个伟大的奉献者,你必须首先是一个伟大的人。"

人的伟大或渺小取决于他的意志

生活中，一些发生在我们身上的悲剧，即使是最平常的，也都源于自我权益与对他人义务的矛盾冲突中。难道因为自私是天生的，才会有如此多的训诫被大肆鼓吹，来提醒我们承担对他人的义务吗？也许，自我权益的保护是一种本能，使我们不需要这方面的要求和提醒。至少，我们听到别人要求我们要对自己负责的话，要比要求对他人负责的话少很多。因此，一些较真的人开始察觉到，当冲突在两种责任之间产生时，自我游离于责任之外就不足为奇了。可是，我不同意这个观点，因为它并不合理。有句伟大的名言说得好："其手中拥有必在其手中失去。"我们心中必须铭记，说这话的人给了我们智慧的预言。我们更要批评那些拥有智慧却将智慧埋没的人。

许多认真的求职者持有片面的观点，他们认为权利导致对责任的反抗。当一个人放弃自我，失去自我，毫不关心自我毁灭时，仅仅只是在哭诉，"我就一钱不值吗？上帝没有给我负责自己人生的权利吗？我没有以几倍的庄严职责，回报上帝赋予我的才能吗？"

这些问题的答案是毋庸置疑的。对自己的责任是其他人没办法承担的。"每个人都必须承担自己的责任"，如果我们不能承担自己的责任，其他人就不得不为我们承担。我们被期望做得更多，不单单是承担自己的责任；在同一阶段，我们被要求"承担彼此的负担"，这种前后矛盾只是表面的，不是真实的。

在任何的情况下，自我意识似乎都可以在语言中找到证明，它是无法被抹去和被践踏的。让我们仔细研究一下"自我"这个词。这个词包含着自谦、尊严和自我价值的含义。

以自我为中心要遭受谴责，但自力更生却是一种责任。利己主义是自私的，但泰然自若是值得称赞的。自制和自信令人赞赏。谁会去尊重没有自尊的人呢？<mark>自我牺牲会给心灵带来不可比拟的澎湃和震撼，但自我保护是一个人的首要义务。</mark>很显然，你有责任去埋没自己和维护自己；也有责任去贬低自己，尊重自己；甚至牺牲自己，保护自己。无论如何，自我是非常重要的，没有了那些关于自我的责任，我们就不是一个完整的人。几个世纪以来,哲学家们为自私的定义争论不休。我们应如何划分自我权益和对他人的义务呢?英国哲学家本瑟姆·边沁(Jeremy Bentham)尖锐地指出:"除非是为了他自己的利益,不然想都不要想一个人会抬抬他的小手指。"如果他的意思是,每个人都是为了追求自我利益,那么他的观点就是荒谬错误的。要想证明这点,你无须舍近求远,只需要看看母亲为孩子是怎样不吝啬地牺牲自己的。如果他的意思是,每个人都想要做他们最想做的事情,那他的观点就是对的。我曾经认识一个女孩,她有个讨人喜欢的习惯,将大部分的零用钱花在别人身上而不是自己身上,对所有人都有求必应;她一直在寻找她的个人需要,即她对他人的救济。当她的无私行为得到称赞时,一个同学说:"噢,那不是无私奉献,她只是喜欢以那种方式花钱。"是的,的确如此,但她依然是无私奉献。她强烈的癖好是那些自私的人无法理解的。因此,要把她的行为称为自私,就像将黑说成白,将光明说成黑暗。

自我权益的保护和为他人尽义务之间的冲突有时只是表面的；此外，也是痛苦的现实。要确定什么是表面的冲突，什么是现实，成为我们必须解决的一个难题。一般来说，能够为他人在解决这个问题上提供的帮助甚少；其实，这正是我们在生活中需要独当一面的境遇之一——必须自己做决定，并为其承担责任。随声附和只会陷入困惑。

父母用劳动换来的血汗钱给孩子提供教育，对此青年男女应该坦然接受吗？在了解所有情况前，我们给不出答案。女儿应该面带欢笑地离开家去追求更远大的理想吗？守寡的母亲，为了让孩子更有前途，使他们成为既有智慧又有用的人，就应该让自己筋疲力尽，早日终老吗？医生为了找到救治方法，使更多的人可以生还，就应该牺牲自己的生命吗？既可以满足他人的需要，又不危害自己的健康和生命的界限在哪里？

在此，我想指出某些关于义务与职责方面的歪理邪说。首先，如果你非常渴望做一件事或拥有一件东西，那么，你的行为是自私行为。中世纪的禁欲主义者奉行这一假设。苦修者为了牺牲而牺牲，白白牺牲自己，没有任何更大的目标。我知道一些按照同样原理去规划人生的人（这些人往往是女性！）。我曾经有个朋友就这样做。她一发觉自己在什么事上花心思太多就会立刻停止。受到责任的驱使，即使有些事情是她不想做的，她也一定会去做。你有没有想过，有一个愚蠢却无私的家人会有什么不良后果？这样的人会在和其他人相处的过程中不自觉地变得自私。然而过度的无私也是行不通的。有时过度无私不仅不能帮助别人，甚至还会害人害己。正如，愚蠢的母亲用过度无私葬送她们的孩子，妻子毁掉丈夫，姐妹害了兄弟。

那么，很明显，自我责任和对他人的义务是不可分割地交织在一起的。你想要的东西可能对你有利，也能为他人提供和自己等同的利益。例如，接受教育，会翻倍提升你的价值，不仅对世界是件好事，对那些献身于教育的人更是一种告慰。

自我牺牲是高尚的，如果自我牺牲有必要，最终的结果也是有价值的。没有什么比舍身救人更有说服力的，但我们鄙视做无谓的牺牲的人，为了没有价值的事情危及自己的性命。我们应该尊敬那些在无私与价值间找到平衡的人。家庭是更大的自我，我们所处的学校、教会、城市也一样。士兵服从国家的命令也是为了大我的体现。当个人的利益与集体的利益发生冲突时，个人利益必须让位于集体利益。总有一天，善良和聪明的人会发现，有一个比国家更大的自我，那就是人类。到了那时，国家与国家之间再也不存在因排位引发的战争。在忠于国家和忠于人类之间再也没有冲突，导致战争爆发的引火线也就不复存在了。

除了牺牲生命，牺牲还有很多种类。物质的牺牲并不重要，因为它们毕竟是身外之物。而仅次于牺牲生命的是成长的牺牲。令人担忧的是，成长的牺牲经常是在未考虑其价值的情况下做出的。为了服务于他人而放弃教育的年轻人，应该确保其结果能够实现最大价值。我认识的一位母亲，不允许她的女儿完成她上大学的梦想，只因为她不想放弃对女儿四年的陪伴，这是一个卑微的、目光短浅的、自私的例子。她要求女儿做的牺牲是不公平的，因为这种牺牲没有任何价值。

尽可能地奉献，直到我们一无所有。有一位哲学家说："如果你想成为一个伟大的奉献者，你必须首先是一个伟大的人。"怀抱着使世界富足的梦想，并终身践行。这样，你的生活才有意义。

第二个谬误是没有人承认重视责任；但如果我们真的不重视，就很难解释我们的一些行为。为了时尚追求穿着的款式，注定要损害健康。不好的饮食习惯影响消化，几小时以后体力便消耗殆尽了。因此，不要以现在的满意换取未来的幸福。不说其他人，这些对女孩也同样重要。许多女孩好像确信自己在30岁的时候，再也不需要健康和体力了，因此想要在几个月或是几年中挥霍掉她们的所有。她应该明白，在她60岁的时候，她需要的至少和现在是一样的。在未来她会有一个让她担负起责任的孩子，而现在，这些孩子有些还未出生。当我们过度倾向工作时，争论同样适用。为什么要在孤独的努力中度过呢？为什么不多考虑考虑未来的工作呢？有些目光短浅的年轻人，为了获得教育，花费他们所有的健康资本，只活在被损害的生活中。

其中我们最关注的一个问题是，认真的人有必要扪心自问，我们应该同那些没有我们幸运的人，分享我们拥有的物质财产吗？贫困围绕我们时，坚持努力就是胜利。这不是对牛弹琴。然而，许多人走向另一个极端，不愿为同伴承担任何责任。

这里有一些关于社会道德的问题要你扪心自问：当世上的许多人还在为基本生活保障奔走时，我有没有权利生活在漂亮房子里，穿着昂贵的衣服，把钱花在旅游和其他乐趣上？在我看来，答案是，我有权为自己花钱，但前提是它将使我对世界有更大的价值。如果我将所拥有的一切都给那些更需要它们的人或生活在贫困中的人，那么也只会帮少数人摆脱贫穷。尽管这是我的职责所在，但这样却无法完成我的追求。然而，对那些终身都在消费而不创造，只知道索取而不做贡献的人，我们应该说些什么呢？毫不客气地说，他只是一个寄生虫，为自己的欲望和享受浪费了别人的成果。我有一个朋友曾经抱怨她那既廉价又朴素的衣服，她反复念叨："世上许多年轻人得不到教育，我怎能花这么多钱在这些衣服上？"

因此，在我看来，忠于自我要求我们，应该尽可能客观地看待自己。 我们不能要求超过属于我们的范畴，正如我们期待的，我们应该追求属于自己的那部分，这样做并不是享乐或自私，而是为了使我们能够尽最大可能地服务这个时代。试问，对于你寻求的每一项利益，尤其是每一项诱惑着你的利益，你是否有权利去追求呢？也就是说，你能在拥有它的同时确保对其他人公平吗？如果答案是肯定的，那我们再进一步的讨论这个问题：它能帮助你成为一个更有价值的人吗？如果答案是否定的，那么，即使你有权利去追求它，你也应该放弃它。

/ 女孩成长书 /

Ten
纪律价值

你会发现训练有素、纪律严明会成为最宝贵的资源，使你能够做应当做的事，不管你是否喜欢它。

成功的人都是有原因的

学生最常问的而且答案最不令人满意的一个问题是：为什么学生必须学习指定课程，或是必须遵守某些规定的行为规范。答案往往是：这是纪律。这句话可能是对的，但有时很难被提问者理解和接受。有人问，什么是纪律？为什么说这是美德呢？

谈到纪律，我想会给出这样的定义：人类自身必须服从的某些外在的东西，首先人类自身要服从于法律，尽管法律也是人制定的。

显而易见的事实无须赘言，哪怕只是一天没有纪律，学校也无法获得学生的尊重。不管规定是由学生还是其他更有权力的人制定的，这一定不是出于一时冲动，也不是学生仅仅想为自己追求更高的利益，其规定一定是兼顾了学生的个人利益和学校的集体利益。没有学校可以为成长提供适当的条件，如果所有人都随心所欲的话，除非人人愿意像重视自己的权利一样去考虑别人的权利。**无论是外在的强制措施还是一些内在规定，每一个人都必须对集体的利益作出自己的贡献。**其结果是制度和秩序，以最大的努力使每个人都服从他。社会成员必须放弃一部分的自由和利益，这种利益对他来说是较大的自由。学生有时过于思考他们放弃的自由，却很少考虑因放弃自由而获得的利益。

也许，遵守纪律有时让你增加了一些烦恼——又有谁没经历过呢？——当我们要做想做的事情时，有谁没渴望过自由时间？毫无疑问，有时即使是最老实的学生也渴望"逃学"。然而，约束自我和明确任务无疑可以通往最大的自由。

由于学习没有捷径，因此在学习时，必须思考、比较、推理、记忆；必须学会拥有敏锐的洞察力和准确性。在学校或大学学习时，我们费力获得的知识大部分被遗忘，如果思想服从纪律，就获得了转化问题并解决问题的能力。这项能力物有所值。它对生活价值的增加不可低估。它给予事物的自主和控制，是其他方式所不及的。它提供资源，使生活更值得追求。它大大提高了个人对世界的作用。即使要我们付出金钱的代价，那也值得承受这样的心理考验。然而，大多数人不愿意这样做，因此，那些慷慨的人登上了领导地位。

意志磨炼与智力训练同等重要，又都不重要。因为光靠想是无能为力的，行动才有价值。这点非常必要，就像普通公民不仅应该是训练有素的思想家，更应是正确行动的践行者。同时，这两种磨炼之间不存在二选一的冲突，它们应该携手并进。

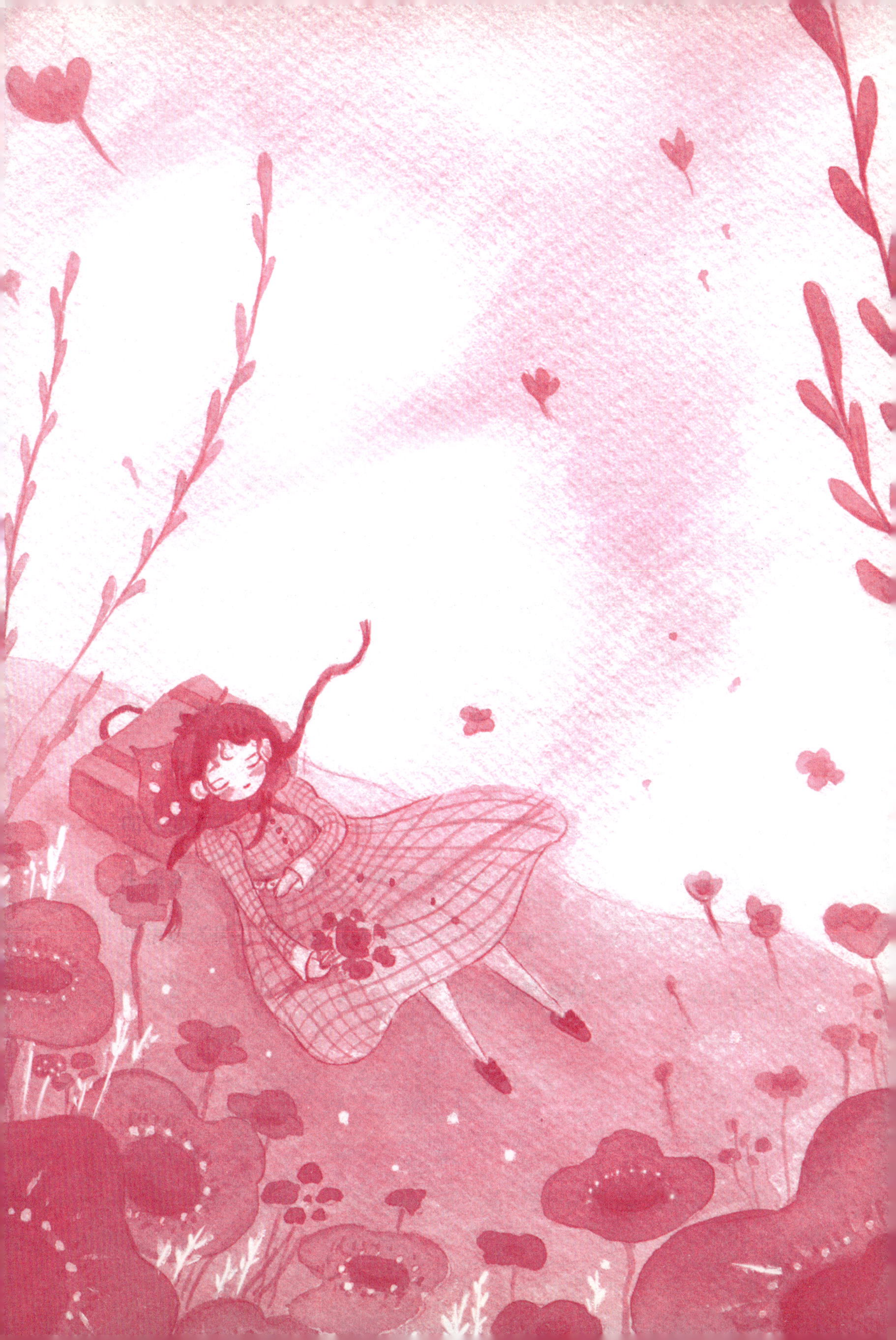

很难说谁才是社会中较大危险的来源，柔弱萎靡者，或是坚强固执者。监狱、劳改所和教养院收容的大部分人是志向与意志薄弱的人。每个团体都遵循少数服从多数的原则。社会生活中如此，在政治生活中更是如此。固执可能发展成为邪恶的意志，只以服从自私和卑微为目标，这已得到亘古不变的证明。被前总统指名为"拥有巨大财富的坏人"的人属于这一类。暴君是由强大的不受管制的意愿形成的。这一类人永远一意孤行，无视他人的权利和感受，专横独断。如果在生活中不注意的话，很多家庭中会出现这样的成员，他的意愿制约着家人，这并不是因为他是最明智的，而是因为他是最坚决的。

席勒（Schiller，德国18世纪著名诗人、哲学家、历史学家和剧作家，德国启蒙文学的代表人物之一）说："人的伟大或渺小取决于他的意志。"部队和工厂获益于纪律的支持，训练出了精准和调度统一的作风。它们还因此获得耐心和毅力，并且知道如何抵制、坚持、发动攻击和克服障碍。"我的创造力从未像这般服从我，"查尔斯·狄更斯（Charles Dickens，英国小说家）说，"但应服从平凡、谦逊、耐心，日复一日地辛勤劳动。""天才，"乔治·艾略特说，"有接受纪律的巨大能力。"他们对此深有体会，因为他们的著作得以完成是长期坚持自我约束的结果，如果连伟大的作家都承认这一点，那么在平凡人的生活旅途中，这类磨炼更不应受到鄙视。

有份自己喜爱的工作，是我们一生中最渴望的事情之一。 然而，必须承认，世上大多数人在工作时并不愉快。要想愉快地工作，我们要做的事是尽力去适应，即使它并不让人愉快。这需要意志力，强大的意志力，甚至超出你所拥有的。为什么到处都有失业的人，原因（尽管不是唯一的原因）令人震惊。这样的人宁肯由国家慈善机构照顾，他们也不能或不愿把握任何劳动机会。

即使我们受到优待，工作也符合心意，也会有不是特别愉快的日子，且必须履行职责。几年前，艾略特博士——当时的哈佛学院院长，在《劳动的乐趣》中向一群劳工讲述了一件事情。他试图向他们表明，他们不应该指望在其工作的每一个细节都拥有乐趣，相反的，要放眼更大的联系性，为明确的目标而努力。他说，他的一个熟人，从事着在他看来最令人羡慕的工作，每一天要做很多事，且必须由纯粹的意志力完成，根本无法被称为愉快。他说，他所讲述的这个人，能把自己的工作视为完全令人愉快的；然而这绝不是实情，他每天的工作大部分都是苦差事，他这样做，只是意识到它在计划中的重要性。可见是遵守纪律的意愿使我们能够毫无怨言地做不喜欢或不感兴趣的事情。就像科学家在实验室工作，律师准备辩词，商人不分昼夜地办公，他们都要花费大把的时间在不感兴趣的事情上。然而，成功与失败之间的区别在于，一个人是否有能力将自己投身于不感兴趣的事情上。

照顾家庭的母亲是否需要遵从纪律意志？事实上，还有谁会比她更需要？在生活中有更多琐事和无休止的劳作，哪里有更美好的前景和更广泛的视野？在这种情况下，做琐事和苦差事获得赞美是个幻想。

/ 纪律价值 /

谁扫视了你的规则空间，使得这种行为受到处罚。

遵守纪律的人学会了尊重他人的权利。英国人常常评论美国家庭是缺乏纪律的典型，其自我主张使得孩子无视他们长辈的权利。这些孩子，成长为青年男女，践踏别人的权利和感受。离开家去外面生活，可以明显地区别被宠坏的女孩和那些幸运地受过管教的同学们。她们在明智的家教中，受过多年坚定和善的纪律管束。她不得不调整自己以适应新的环境，在学校，她的权利不再比其他人更重要。如果她要在学校中赢得任何地位，她必须让自己迅速置身于严格的纪律之中。如果她没有做到，她必须为此付出代价。直到她成为被社会接受的成员，她才可以得到生命中的位置。为什么每个女孩应该有离家住校的这种经历，最好的原因之一是，和同学相处能培养起健全的纪律。

运动场是世界上最好的彰显纪律的地方之一。为美好的世界克己，构成了每场比赛成功的基础。好的"工作团队"不允许任何队员对其他队员傲慢。少了自我克制和自我控制，纪律严明的比赛就无法进行。

你会发现训练有素、纪律严明会成为最宝贵的资源，使你能够做应当做的事，不管你是否喜欢它。那些在每个时代取得真正成功的人，有着巨大财富的人不都是因拥有这种力量吗？在学习裹着糖衣并且用一切可能的设备制造吸引力的今天，强调这一点是合乎情理的。这似乎是一些教师的目标——事实上，是某些学校的教育目标——管理者对学生花最少的精力传授最多的知识。其实，每一种设备和条理都是有害的，它剥夺了学生自己的见解。付出得越真诚，得到的越好。我们都知道，那些想不费力气学习的聪慧学生，往往因为觉得学习乏味无趣而较晚地步入人生正轨。原因之一是，他们是被动接受，而勤奋与坚持是年轻人获取成功的代价。

经历一代人研习，曾经死板的课程变为少数好的选修课之一，这是一个巨大的进步。当然不要理解为，没有乐趣比充满乐趣的学习要好，我坚信的与此恰恰相反。然而，在选修课程时，学生有根据自己的意愿选择的倾向。而我则建议学生选择自己不喜欢的。回想我自己的学生时代，想起克服高难度研究课题中的特别难题并掌握它的喜悦，我想应该给每个学生机会，让他们拿自己的与某一课题衡量，尤其是对他而言相对困难的课题。这会增强思想力量，从而培养信心和力量。你是不是难以忘记掌握困难的问题或课题的时刻，仍然能感觉掌握时的喜悦？你突然开始注意新的潜力，你可以感觉到自己的成长。如果你的工作不能唤起你的最大潜力，那么你怎么能相信你受过教育呢？关于学校和学院的学生倾向于选择"单元课程"，迪安布里格斯说："对于任何责任重大的工作，我们希望负责人从小就能进行自我管束，能将思想的懒惰去除。"仅仅是及格分数就能满足的态度，是学风差的表现和对理想的背叛。对此满意的人，忘记了教育的真正理念。

我们发现，在生活中，大多数人必须做的最重要的一件事情就是克服障碍。它们围攻每条小路，不是它们死，就是我们亡。生命不会给任何人方便。有时候，我们会遇见给我们印象深刻的人，他们可以克服任何困难形势，任何错综复杂的境遇。无论他们承担什么，哪怕障碍重重，我们都坚信，他们会渡过难关。这样的人信心满满，无论他们身在何处。我们本能地认为，他们可以被放心地委以重任。朱莉娅·沃德·豪（Julia Ward Howe，是一位著名的废奴论者、诗人、妇女参政主义者和人道主义者）曾经说过，她从来不说不可能，因为她将摆脱不可能并达成目标！

　　我想，就战争而言，是纪律让使徒们和基督徒们冲锋陷阵，步调一致。当然，对他们而言，除了战争，没有任何事情可以吸引他们。士兵是纪律的体现。会命令别人的人，首先要学会服从。通过服从纪律，我们得到权利。第一个声称领导世界的人，将是一个完全掌控自我的人。

/女孩成长书/

Eleven
成功的人生

只有掌握了生活艺术的人才是真正的成功者，无论是否闻名。不要以为人生的成功是用幸福的多少来衡量的。

让快乐常驻心间

　　什么是成功？可能人们给出的解释各不相同。但有一点是一致的，就是无论怎样，我们都想成功。的确，在这个世界上，成功是我们最想得到的，那么如何获得成功呢？这个问题是现在各类学校正在讲授的课程，也是教会牧师传授的内容。回首往事，一旦生活中充满失败，活下去的勇气就会荡然无存。很多人有过这种经历，他们就像被拉到岸边的一艘残缺的船只，桅杆断裂、罗盘破损。然而他们也曾年轻，对生活充满希望，期待一种完全不一样的生活！有时候我们认识不到在学校学习是为了我们远航做准备。每天我们都学习航海图和指南针的使用方法，从地图上了解哪里存在危险，哪里能找到安全路线。为了自己的人生和名誉，要想获得令人钦佩的才能，不妨研究一下那些有才之人的人生，试着让他们说出成功的秘诀。在史书上，我读到了一个又一个成功人士的人生，一些共性凸显出来。

我们随意选出十几个真正成功的人生来认真研究和比较。从外因上你会发现他们有着巨大的差异。比如：一个是幸运儿；一个却与贫穷进行艰苦斗争。一个出身名门，传承着几代人的文化、品格和成就；而另一个人却身世不彰，得不到家族的任何资助。他们的人生目标与所得到的财富各不相同，然而在每一个杰出人物的人生中均有一些清晰的、共同的特点。

首先，我所知道的成功人士都有明确的人生目标。我看见他们为了这一目标不懈地努力，将任何诱惑置若罔闻。一个好的水手知道要去往什么地方，就不会一味地改变航向。他不灰心，不气馁，坚定地向着心中的目标航行。人生中很多的失败都是因为没有目标造成的。在我分析的众多的成功人士中，没有一个是只寻求个人快乐的。他们有远大的目标、宏伟的抱负；致力于为他人谋福利，为人类求发展。想想林肯和菲利浦·布鲁克斯会把自己局限在一些微不足道的小事中吗？哪怕只有一天！自私的人生是一种失败，"在少数人面前妄自尊大，就让他做多数人的奴隶。"真正成功的人生都是在这个原则的基础上铸就的。他们并不特别在意是否伟大、是否出名，而是迫切盼望履行责任。成千上万的人都觉得自己不幸福，如果他们不再询问自己是否幸福，而是为他人去做些事情，或许就能够找到幸福，走向成功。

真正成功的人都相信自己，相信别人，相信上帝。离开这些信任，任何人生都不完美。

我们必须相信自己，但是我们常常会高估自己能做的事。就我们而言，因为自卑而畏缩不前并不是谦虚，而是懦弱的表现。长华尔说："自信是英雄主义的根本。"这并不意味推崇过分自信。我们都知道世上会有一些对自己能力估计过高的人。这些人令人讨厌，经常被愚弄。那些总是试图做成大事，却总是以失败告终的人理所应当受到谴责。然而大多数人失败的原因并不是过分自信。我们应该在懦弱的意识中注入相信自己能力的元素来与过分自信抗衡。而不自信是阻碍发展的。那些能够做出许多大事的人，通常具有极好的自信，一种离自负相差甚远的自信。一位为马丽莲·梦露（Marilyn Monroe）写自传的作家说："她具有辨别可能或不可能做到的事和做起来仅仅有难度的事的非凡能力。"这是一种我们大家都应该掌握的能力。年轻人应该记住：我们有权用我们最优秀的能力去评价自己，而不是用最差的能力去评价自己。没有足够的经验来发现自己的潜能，精神方面亦有高潮和低谷，情绪方面也会有忧郁与满足。敏感的人认为最差的自己才是真实的自己。实际上，并非如此。下面的这首诗可以表达出所有人的感受。

在世间的神殿里有一个群体，

有人谦虚，有人骄傲。

有人像爱自己一样爱邻居，

有人无所求却名利双收。

有人为自己的罪恶而伤心难过，

有人自鸣得意不思悔改。

如果确定我是哪一个，

我将无忧无虑。

如何在复杂的人群中确定哪一个是真正的自己,只要清楚一点:处于最成功时期的你才是真正的你。你不追求名利,像爱自己一样爱着邻居。对自己的错误总是坦然悔过。真正的人生是我们处于巅峰的时刻,而不是低落的瞬间。相信我们具有最强大的能力之时,正是我们的设想最真实之日,实现自我的首要一步是相信自己。我们处于巅峰时期所拥有的最佳自我,一定会将幻想降到最低点,我们从中获得灵感和动力。

　　宝剑锋从磨砺出,梅花香自苦寒来。

如果你真的想成功，就必须相信他人，多疑的人永远不会成为别人的恩人。对你帮助最大的人就是对你最信任的人。所以如果你想帮助别人，必须学会信任。每个人都是有缺点的，但仍然要看到他的闪光点，这是非常难能可贵的。如果你不具备这种能力，就要朝这个方向努力。永远不要在别人身上寻找自私的动机，而要挖掘其潜在的优点。尽管它像刚出土的嫩芽一样微小，仍要给它帮助，让它茁壮成长。有人期待我们把事情做好是件很鼓舞人心的事情。

我们对他人的信任使他们非常自信。给他人最大的帮助莫过于增加他们的自信心，相信他们的能力。做一个激发信心的人是我们的荣幸。从认识的人那里，我们感觉一切皆有可能。他们会给我们鼓励，激发我们的热情，让我们相信自己。这种非凡的能力是在丰富的精神生活中形成的。作为激发信心的人，自己对待人生的态度必须正确，必须表里如一。周围充满了希望与鼓励。悲观的人，玩世不恭的人，厌世的人，永远不能成为激发信心的人。具有这种能力不取决于我们做了什么事，而取决于我们是怎样的人。

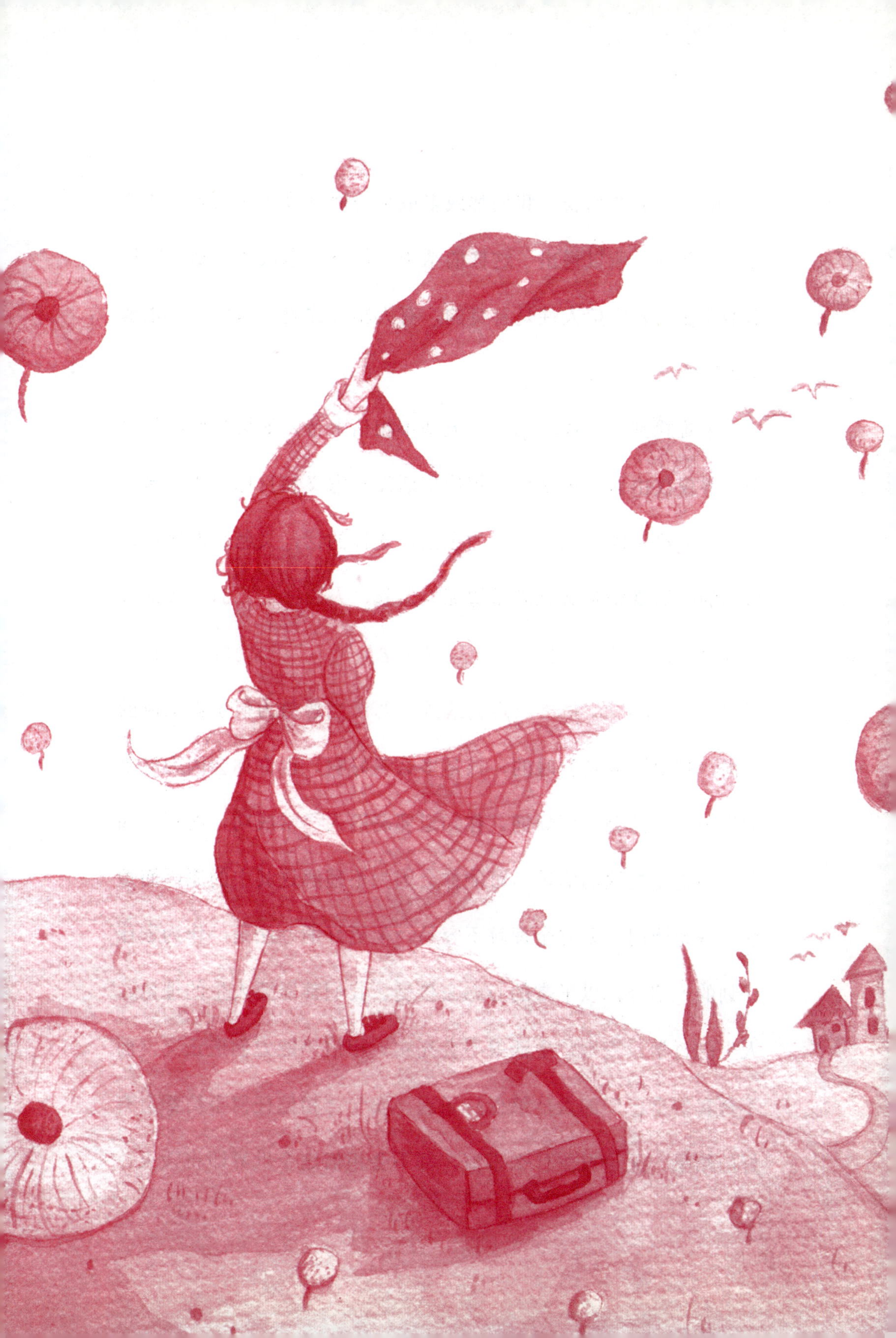

随着年龄的增长，我们都或多或少地遇见过自私的人，或者被骗子欺骗，所以得出了这样的结论：信誉、忠诚和无私帮助根本不存在。要坚信人性是善良的，有人骗过你吗？即使有，也要再相信他一次。

很难找到一个成功的人，但却不相信上帝，如果我们相信这个世界仅仅由偶然来掌控，相信生活没有意义和目标，相信错误的东西最终可能会战胜正确的东西，这样的话，又怎么能够保证自己的生活既安定又充满希望呢？**但是，人生中重要的组成部分是应该相信智慧、善良是宇宙的统治者。相信宇宙的威力与正义同在，美好的愿望最终一定会战胜邪恶。**当恶势力似乎占上风的时候，相信这只是暂时的，该是多么美好啊！也许你会因为这个世界不能秉持公平而烦恼。你知道邪恶的人经常成功，而正义的人往往遭受失败的痛苦。可能你会因为不理解这其中的原因而烦恼。毫无疑问，要完全理解不容易，但更好的办法是，作为宏伟计划的一部分，以平常的心态去接受。我们都需要人生的理论、人生的哲学。否则，生活就不会充实。相信"能力创造正义，而不是我们自己"的人能够保持乐观、安宁，相信任何事情都会有好的结果。无论发生什么事情，都不会相信这个世界即将毁灭，即使是有史以来最残酷和不必要的战争，都不能动摇确信世界会逐渐变好，而且会越来越好的信念。当他们代表公正的时候，自信为上帝而战。结果上帝总是胜利者。

我相信有一贯成功这种事。有些人就有这种习惯性。无论在何时，也无论在何地，他们不可能不成功，为什么？两个原因，一是有明确的目的，二是具有百折不挠的毅力。做到这两点，还有什么能打倒我们呢？

"胜利属于安心工作、目的明确的人。"失败有时候会降临，那又怎么样？一往无前的精神仍然会给予我们鼓励，勃朗宁相信："跌倒了站起来，在挫折中成长。"这句至理名言每一个勇敢、坚强的人都相信。这就是我所说的："习惯性成功。"这种人生态度一定会成功，无论是失败还是挫折，都是以后的经验教训。你看得到，我对成功的解释并没有过多地涉及财富、地位，名誉以及许多人愚蠢地认为暂时成功的事例。只有掌握了生活艺术的人才是真正的成功者，无论是否闻名。不要以为人生的成功是用幸福的多少来衡量的。有的人一生充满幸运，健康的身体、充足的收入和亲密的朋友。有的人却麻烦不断，贫穷、疾病和悲伤。如果我们不能分辨，很可能会认为一个人只有遭到命运残酷打击才算是失败。必须懂得，只有灵魂才能知道一个人是否成功。我们必须知道上帝对他的评价。

　　学校的生活就是教给你们道德的价值，告诉你们哪些东西最有价值。能够给一个人最终带来成功的品质，在他生活的准备阶段也是必备的。机会无处不在。有些人注意不到，无视它的存在。而另一些人抓住机会，充分利用。两名学生并肩坐着。一个迟钝、无精打采，浪费时间；另一个认真、注意力集中，抓住每一个完善自己的机会。在两个人后来的生活中，一个因为冷漠和懒惰的习惯而事事失败，另一个把他的能力集中运用于手中的工作，赢得了成功。人生是否成功并不全是机会的问题，当然也有性格的问题。

/女孩成长书/

Twelve
妇女的进步

当我发现一个女孩子，很认真地通过她力所能及的方法做一些工作，以维持生计，我都会很高兴。

过自给自足的独立生活

文明史，尤其在过去的一个世纪，呈现给我们的所有奇迹中，最为显著的莫过于妇女的进步。当我们给后代讲述关于政治和宗教自由的故事时，为了让他们更加珍视和守护文化和宗教的自由，**所有的妇女和女孩都应该知道，她们现今之所以能在世界上大部分的开化之地有这样的地位，是无数人持久抗争与奋斗的结果。**尽管奋斗的过程是痛苦的，但其历史意义却具有指导性和激励性。如果我们能够确切地知道，过去的世界对于女性地位的公众意见，我们就能更为真实地确定这种趋势是否还在持续。

头脑简单的人很容易就这样揣测，世界本来就这样，社会风俗和习惯都是神赐的规定。这就是为什么我们要从历史中学习。任何视野开阔的人都认可这一事实：我们的世界是一个整体，人类社会也一直在向前发展。每一代人都有义务去了解过去的智慧，并给后代留点东西。

关于所谓的"妇女问题"有许多说法,最为世人所熟知的之一,是妇女被赋予选举权。所有被提及的以及今后可能要被提及的问题,都可以归结为如下一到两个全能问题:有没有一种自由、权利或者机遇只对男性适用而不适用于女性?如果有,谁有权来接受或拒绝?

过去的时间里,许多压迫妇女的保守思想都已被扫除,其他的也正在消失。然而讨论还在继续,有时热烈,有时平和。新一代的女孩正在成长,她们中的每个人都颇受关注。在什么样的社会下这些女孩才能更快地取得她们的地位?妇女的任务和责任与过去有何种程度的不同?今日的女孩将成为未来的妇女,她们应该以开放和智慧的思想走进新世界。

仅仅在数百年前,哲学家们还在严肃地讨论女人是否有灵魂这一问题。随着时间的流转,如此愚昧的思想意识早已荡然无存,但是以今天理智的观点看来,一些其他疯狂的思想意识却一直存在。

任何时代的文学作品都反映了当时的公众意见,如果我们想了解那时的妇女被怎么看待以及她们内在的最为可取的思想,我们只需阅读那时的文学作品。欧里匹德斯(Euripides,古希腊三大悲剧诗人之一）反映了希腊人的情感，他的作品中伊菲吉妮娅（Iphigenia）对阿基里斯（Achilles）说："一千个妇女的死亡要好于一个男人的死。"拉丁格言："唯隐者最逍遥。"直接道出了罗马帝国时期妇女的地位。中世纪浪漫时期，妇女们活着似乎只是作为比赛的奖励，或者让骑士侠客借以展示其英雄气概。在乔叟（Chaucer，英国诗人）时期的故事里，如蓓什特·格里塞尔达（Griselda）的故事，主要强调这样的结论，那就是她因其对巨大冤屈和最为严酷的不公的顺从而受到最高的尊敬。菲尔丁·理查德森以及其他18世纪的小说家们所描写的女子形象，性格软弱、情感脆弱，当我们了解到她们被赋予的毫无目的可言的生活时，这些形象唤起了我们的同情。然而，我们也不能忘记每一个时代都有对于典型的显著期望。从黛博拉时期甚或更早，每一代都有其"新女性"，异己分子，她们坚持独立思考。大部分莎士比亚作品中的女主角都是这一类型。

从上古起，法律就重重地压在妇女身上，罗马法即是如此。罗马法规定，妇女不是公民，也不享有公民的权利和义务，她们处于被永久监护的地位。其实，我们不必回到罗马时期去寻找歧视女性的证据。在美国，一直到一百年前，康涅狄格州成为第一个准许妇女立遗嘱的州。不久，马萨诸塞州通过了尊重妇女着装权利的法案。其中有的法案确立起因于诸多的惨剧。为了避免孩子落入他们无良的父亲之手，许多疯狂的妇女杀死了她们无辜的孩子，这一事件促使马萨诸塞立法机构废除了父亲是孩子唯一监护人这一法条。

在那些非基督徒统治的世界里，妇女的进步更为缓慢，有着比基督教世界更多的障碍。确实，这些国家的妇女一定向往生活在基督教地区，在那里她们可以得到拯救。佛教——日本的主要宗教，告诫妇女要想上天庭的唯一希望就是转世为男性。儒教——中国的主导宗教，一直强调十女不如一男的观点。在婆罗门信仰里，妇女被禁止阅读经文和祈祷。在印度，曾允许将寡妇烧死在其丈夫的葬礼上献祭。一个穆斯林男子祈祷道："哦，真主安拉，感谢你使我生为男性。"并且《古兰经》也告诫女性，其唯一可以得到拯救的机会就是绝对地忠实于丈夫。

在任何艺术或行业中，妇女都不能享有至高的地位，这一事实经常被引用以证明女性天生卑微。一直以来，男性可以获得诸多至高荣誉和奖励，甚至于直至近代，我们还很难想象妇女可以写作、画画，甚至创作音乐。然而令人吃惊的是，有众多的妇女敢于藐视公众偏见，并在诸多领域展示其天分。乔治·艾略特以一男性名字写作，获得极高声望。德罗西·华兹华斯的诗歌天赋极大地为其兄的声誉增辉。很少人知道费利克斯·门德尔松（Felix Mendelssohn，德国作曲家，钢琴神童）的《无言歌》（Song without Words）中的许多歌曲都是其妹芬妮（Fanny）的作品，这是在他最新的自传里叙述的。卡洛琳·赫歇尔（Caroline Herschel），是另一位因其努力而为其兄——一位伟大的天文学家，带来荣誉和名声的女性。如果上述任何一位女性生活在20世纪，那世界就会因其天才头脑的辛勤劳作而授予至高的荣誉。

19世纪后半期妇女被给予受教育的机会，并因此带来如下结果：她们开始探究并要求所有的权利，这一发不可收拾，直至其最终获得所有的诉求。她们索求什么呢？那就是清除所有阻碍她们获取自由的势力，除此无它。自然给予她们的阻碍和由此所背负的限制，无法抗拒，必须遵从。对此，理智的女性不予争吵。而那些人为设置的障碍，她们决心要清除。中国的妇女们意识到，除了裹脚这样的肉体摧残外，她们还背负了太多的精神压迫。即便是妇女们取得了诉求的每一项权利和机会，对于撑起半边天的她们来说，生活依旧不太容易。

妇女们渴求数年而徒劳无功的事情之一就是接受高等教育的权利。100年前，我们国家没有一个大学招收女性。思想保守和刻板的男性——也有女性——都在争论给予妇女受教育权利没有用，她们没能力接受，即便有一些能接受，那也是偶然现象或者是其先天的禀赋。最终的结局是，由于其神授的家庭责任，妇女不适合接受教育。现今没有人理会这些愚蠢的恐惧，每年有数万名妇女从大学毕业，而这也无损于她们的健康，由于其更为开阔的视野和广泛的兴趣，她们能更好地为人妻或为人母。

妇女追求数年的另一个诉求就是工作的权利，即在她们和想要的工作之间没有人为的障碍。世界给予了她们这一权利，尽管缓慢并有些不情愿。无论何时，妇女走出家门寻求一份报酬更高的工作时，都会招致不适宜的口实。然而，要回到100年前妇女不被允许工作的状态，并不比使尼亚加拉大瀑布倒流容易。统计数据显示，在这个国家有超过800万的妇女从事各种收入颇丰的职业。

也许你会问，为什么妇女们都要走出家门去找工作呢？为什么我们就不能回到过去的美好时光里，那时的妇女都在寻求庇护和家庭的安全港湾。对这个问题的回答相当的复杂。15年前，哈里特·马提诺写到英国的情形："一个社会组织构建的一半人待在家中，而另一半外出工作，这显然不能满足有四分之一的人留在家里而其他人外出工作的社会的目的。在新的情况下，这种事情必须采纳新的观点。"

在回答为什么有如此多的妇女外出寻求有报酬工作的问题时，有一个广泛的非议。通过回想你所熟悉的通过外出工作求生存的妇女和女孩子，你自己可以很好地回答这个问题。问问她们为什么不放弃现在的高薪职位回到"家的庇护所"。她们可能告诉你，家里没有足够供养她们的经济基础。很多时候她们会告诉你，她们的辛勤劳动是家庭的收入来源之一，用以维持家庭开支和抚养孩子，赡养老人。

有些人的说法也许会引导你这样想，妇女们是否可以像她们的老祖母们那样，仅仅在家里织纱纺线。假设她们真这样，她们的劳动力就没有市场，谁来挣足够的钱养活她呢？如果你了解100年前每个家庭的实际情况，你会发现那时和现在的生活条件差异巨大。

那时，大量人口都生活在农场，以此来获取所有人的物质给养。而这许多年里，人们都向城市发展。过去在家人共同努力下在农场可过上小康生活的人，现今都在商店、工厂从事相关的工作。

而其薪水通常并不足以供养全家人，妇女必须出力帮助男人。之前每个男人都有几个依附于他的女性亲戚，除了妻子和女儿外。现今，一个有自尊心的妇女都愿意过自给自足的独立生活。

妇女的进步

更进一步来说，许多最有收益的工作都被挤出了家庭的范围。各种各样节省劳动力的发明每年层出不穷，水力、风力和电力一起剥夺了妇女们的古代特权。在机器发明以前你的老祖母给家人，包括男性织造所有的衣物。甚至，她和她的帮手一起用纺出的羊毛线来纺织衣物。用经其编织后的亚麻和羊毛制成成衣，但现在这些都不必再在家庭生产。现在一个人要穿衣，他必须得有钱。英国的拉斯金纺织厂是20世纪手工作坊的典型，但这些纺织机生产的产品成本极其高昂。

在你老祖母的家里，所有家庭必需的轻工产品，无论是石蜡还是牛油蜡烛，都是自己生产制作的。我们现今需要煤气和电力照明。而所有的居家食品都在工厂生产。所有的罐头厂和工厂都以比家庭更为低廉的成本在生产食物。以家庭作坊原材料的价格就可以买到成衣。

我所要说的就是劳动力从家庭作坊向工厂的转移，需要妇女们富有成效的令人满意的劳动。这也导致了她们普遍的休息时间减少。抗议劳动力闲置，导致了许多的妇女们要抓住每个生产岗位上诱人的工作机会。

当家庭不再需要她们时，本能促使她们在外边找到活动的机会。如果你有在这个世上做点事的渴求，就不要怕丢脸。你也许从事的是不适合女性的工作，但这样做并不意味着你就有男子气，尽管这十有八九都是男性在做。**当我发现一个女孩子，很认真地通过她力所能及的方法做一些工作，以维持生计，我都会很高兴。**父母不给女儿设定任何明确的目标，不给她们灌输女孩需要人照顾和保护的思想，这么做是否明智？谁被保护，谁能被保护，今天堆积的财富，明天就有可能消失？

在妇女进步的进程中，是否给予妇女选举权这一问题仍激荡着当今的世界，就像以前她们受教育的问题一样。我们没理由不对此感兴趣。我们可以大胆地宣布，任何一个美国的年轻妇女，只要其生活在一个明理的时代，都不愿失去投票的权利。不管你信不信妇女普选，而且，不管你同意不同意，迟早在你的手里都会有一份所有权的文书。男人为之奋斗数百年，有人为之牺牲；为了它，很多女性长期地在奋斗，为了它，她们中许多人也愿意牺牲生命。危险就是当妇女选举普及时，就如同我们一贯的那样，我们不再记得这张选票的价值，我们不再珍惜它，我们粗心地使用它，就如同之前许多男人那样。这就是这个世界的方式。一代人用巨大的代价获得的，而下一代人却认为理所当然。一个杰出的女性，尽管其一直在为保护妇女的高等教育权利而努力，却因出生得太早而无法享受其权利，这里就有个例子。她的孙女，刚从大学回家，对她说："奶奶，我想你肯定没有上过大学。大学太好了。"为了让她能接受大学教育，很多人进行了漫长的艰苦奋斗，对此她所知甚少。

为什么妇女们渴求选举权？无论你援引什么论点赞成妇女普选，我们通常都以平等为首要原则和最基本权利：法律面前人人平等。它不完全是一个合理普选的问题，而是自由与平等的问题。随着世界的进一步开化，自由越来越成为其首要原则，直至所有州符合公民身份的成人都被赋予选举权。

就我看来，以下几点原因可以说明为什么妇女们应该有选举权。

首先，为了她们能好好地供给家人，为其家人提供健康舒适的家。在过去准备食物纯粹属于妇女的神授职责，如我所言，现在不是了。灌奶厂、面包房、罐头厂等，每个家庭都依赖其福祉。食物掺假和假冒需要防范。我们都知道消费者协会已经为之奋斗了数年，并且其他的公益机构也在防范甜品店。脏乱环境下有害病菌会潜伏在衣服里。供水污染和有害污水会将疾病和死亡带进千家万户。选票不是用来消除这些威胁千家万户危险的唯一的办法，但可能是最为有效的。

另外一个原因，妇女之所以参加选举是为了她们孩子的精神健康。只有选票在手，才可以消除沙文主义，控制公共舞厅、低俗剧场或者移动图片展，以及其他的道德腐败源头。选民们可以建立图书馆、艺术展馆和公园。

为保护和帮助那些不能自理的人；为消除雇用童工，为确保人性化的工作时间和妇女的合理薪水，也为了更好地保护女孩子免受诱拐，妇女应该参加选举。 也是为了在诸如养老金、母亲养老金、工业保险、监狱改革、对弱势群体的照顾以及其他形式的公民福利等公共福利措施制定中有她们的发言权，妇女应该参加选举。因为这有助于消除对妇女的不公正的歧视。即便是在这自由的共和国，妇女要取得与男子相同的法律上的平等权利，还有很长的路要走。赋予妇女以选举权，将加快这一进程。就在不久前，一位南卡罗莱纳州的议员呼吁对该州一部古老的法律出台司法解释，以确保抛弃妻子的父亲拥有对儿子的监护权。南卡罗莱纳州并不是唯一的在离婚诉讼中对妇女不公的州。根据最新的权威报道，仅有16个州的妇女拥有和男子同样的对孩子的监护权。在有些州，父亲有更大的权利取得孩子的监护权。在美国的许多州，丈夫有权控制妻子的财产，并且可以占有其工资。每个妇女都应该坚定地尽其所能来消除这些不公平的法律。

妇女参加选举还有一个更重要的原因，那就是为了她们自身的成长和强大。在数百年前，妇女们没有丝毫的自由可言。她们没有婚姻自由，婚姻无法自己做主，没有作为妻子的平等权利，对于孩子没有法定的监护权。她们不能拥有财产，没有受教育的机会，她们从生到死都由他人决定，而不是她们自己。人们只需阅读勃朗宁的长诗《戒指和书》中的故事就可以理解，在进化的过程中，在有关妇女权利更为民主的思想来临之前，人们观念中的妇女们苦难深重的想法是错误的。妇女取得了多么大的进步啊。读过这个故事的人，对于妇女更大的进步就会很有耐心，并且对其实现相当有信心，就像星球在其轨道上运行一样确定。并且，我们不能忘记，妇

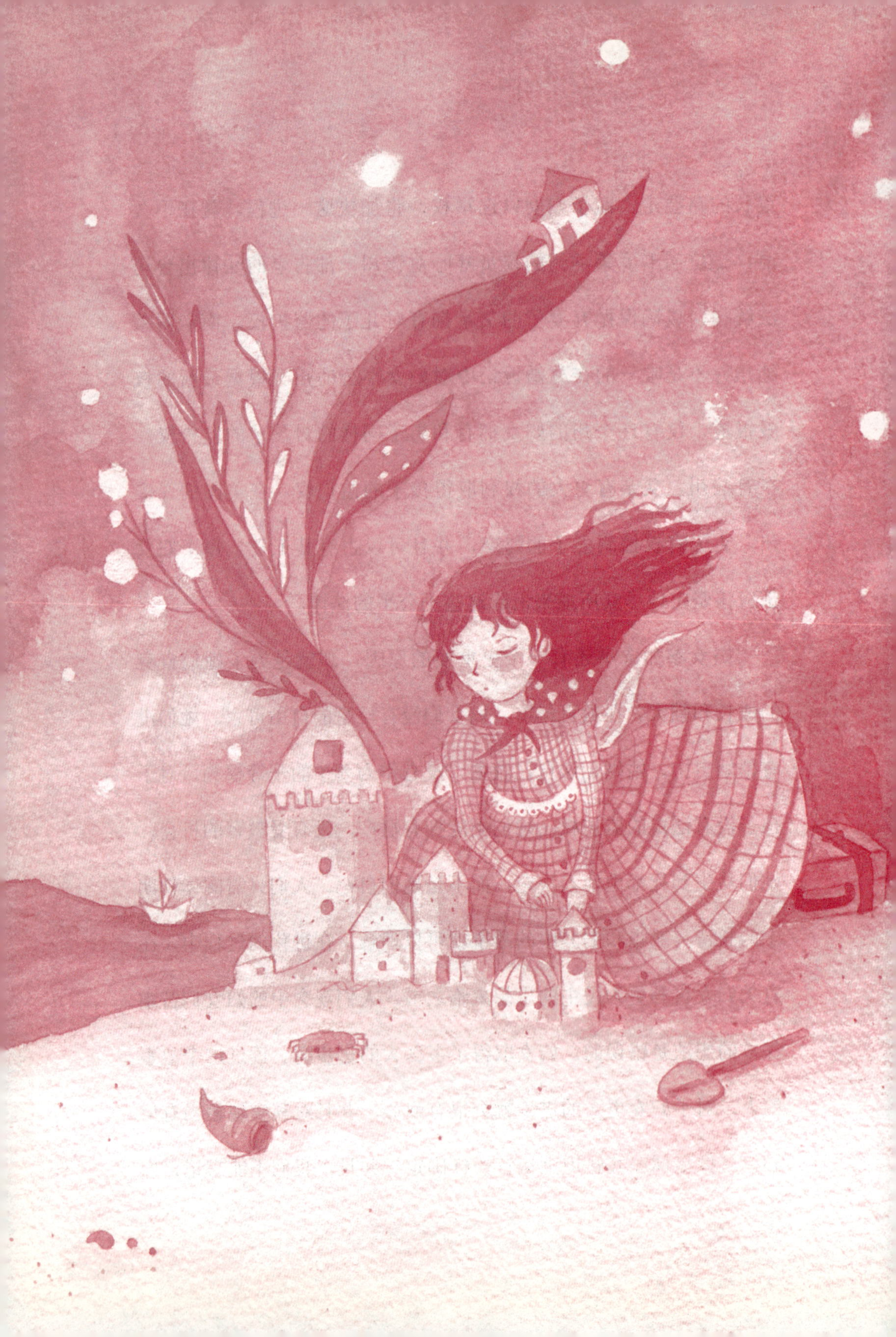

女们的每一次进步,都有许多强大无畏的男性的支持,否则她们不会取得现在的地位。那些试图设置女性利益与男性利益对立和挑起他们对抗的人在这个世界上没有立足点。让我们永远记住男性和女性的利益绝不是相互矛盾的。

女人的事业是男人的；她们潮起潮落,

放纵或者自由；

如果她们是渺小,微不足道的,不幸的,

男人怎么成长呢？

女孩成长书

/ 女孩成长书 /

Thirteen
快乐的源泉

意气相投的友谊和称心如意的工作更能使我们大多数人接近快乐。

欲得之，须忘之

　　这个主题的重要性我无须赘言。难道有人会不知道快乐是全世界的人都在追求的东西吗？除了相信财富可以带来快乐之外，为什么男人们为了积累财富而辛勤劳作、打拼争斗甚至大动干戈？大多数人的行为，不管是有意还是无意的，都极有可能将其最终的目标指向追求快乐。"我们都想隐藏自己的真实想法，不让他人识破，然而，通常我们都希望快乐越多越好。"这是一个作家在论述道德时所言。可是，现在我想让你相信快乐是生命至善。

　　所有健康的人都是幸福的。他们或许会失落和悲伤，但是快乐反弹之力甚巨，不久会再次袭来。很显然，造物主希望我们幸福，关于生活中任何其他理论都没有这个重要。中世纪的修行有一个错误的认知，那就是受的苦越多，越能更好地取悦于主。我们概念中的上帝和上帝的爱禁止这一理论。孩子和动物的快乐通常都是福祉的一种标志，如果一个小孩子表现得很高兴，我们就感到这一切都好。所有年幼儿童那些欢快的游戏都展现了深深植根于他们身体的一种愉悦。我们越是远离这些，我们从自身的最深刻的欢乐中获得的安慰就越少。

幸福很重要，并不仅仅因为它是我们一切都好的标志，更是因为静寂意味着一切都运作良好，并且，幸福的生产性超出了其本身。 如果我们高兴，我们就能更好地工作。快乐有令人振奋的功效。如果我们快乐，我们就会带给身边的人以快乐，并且因此为这个世界也增加了快乐。快乐不仅仅防止摩擦出现，更是消除了摩擦。其不仅仅是健康的标志，更是健康的原因。享用晚饭的人要比把吃饭当作例行公事的人消化得更好。如果快乐是如此的重要，那我们就会问怎样才能永葆快乐？

我们可以很正当地说我们想得到和其他目标一致的所有的快乐。说到快乐，对于它的一个错误的态度就是我们必须不惜代价地得到它，无论牺牲多少无辜的人都要得到它。这是很多在富裕条件下长大的年轻人的态度，他们已经养成了一个致命的思维习惯，那就是，无论他们想要什么，都必须得到满足。有人想对这些年轻人说，幸福并不取决于我们拥有什么，而是取决于我们本身是什么。对住茅草屋不满意的人肯定也会对住宫殿不满意，因为即便生活在宫殿里，他也是独自居住。住在宫殿里的灰姑娘并不比住在破屋里快乐，因为她的快乐并不依赖于外部物质条件。她的快乐取决于她对世界、对工作、对她所遇到的麻烦所持有的态度。然而，那些不快乐、不满意的人都把不快乐的原因归咎于他们没有拥有某些东西，或者缺少比他们幸运的朋友所拥有的一些东西，他们认为拥有了这些，才能给他们带来完全的快乐。乔治·艾略特写道："不满寻求某一特定物品，并在穷苦中找到了未经实验的它的好。"

快乐并非唾手可得。当我们感觉其离我们近在咫尺而伸手欲抓时,快乐却溜走了,我们又得再一次开始激烈地追逐。许多人都以这种毫无头绪的追求方式来度过他们的人生。而恰恰是当我们放弃追求,专心我们的生活琐事时,快乐又回来并在此扎根。"欲得之,须忘之。"

快乐的源泉

你是快乐的，那为什么还要讨论如何保护这些你所拥有的并未失去过的东西呢？快乐有很多种，有些更加让人满足，甚至更为长久。我们要知道，快乐是经得住考验的。在你的生活中，你已经拥有了世界上最为美好的快乐。如果你想弄清楚到底什么是最美好的快乐，那你得从头开始。年轻意味着几乎所有的生活你都可以体验，意味着没有什么不可挽回的错误。有许多虚度生命的人都想用他们所拥有的一切来换取年轻，以及从头再来的一次机会。倘若你拥有健康，那些老弱病残者最羡慕的就是你强健的体魄。然而，就像我们所拥有的其他东西一样，我们一直认为健康是理所当然的事情，直至它离我们远去时，我们才懂得它的珍贵。你拥有人间真爱，无论你是谁，都会有人因为你的出现而使他们的生活更为明朗。

年轻、健康、爱都属于你，那你为什么还不高兴呢？我已经说过，你是快乐的。幸福并不是一个可给予的礼物。你所拥有的快乐是最有价值的。

毫无疑问，你常常被人告诫学校生活是人生中最快乐的。一些成年男女非常热衷于鼓吹这一说法。但这是一种错误的理论，因为他们的话暗示，随着时间的流逝，他们无力使自己的生活更加丰富深刻。"我从来不相信,"乔治·艾略特说,"我们最年轻的时光是我们最为快乐的时候。如果最为成熟和开明的时光是最为不快乐的时候,那对种族的进步和个人而言是多么凄凉的征兆啊。"

可以肯定,没有什么比学校时光更美好的了,免去了受到父母庇佑的束缚,可以建立亲密的同学关系,并能怀着莫大的激情去寻求刺激。未来的岁月里,毫无疑问,学生们要有与他人不同的经历,但这并不意味着他们是最幸福的。事实上,如果一个人在自己头二十年里打好基础,随着岁月的推移他的生活会日益丰富。**随着我们的成长,我们应该更加快乐,有两点原因:日益增长的服务能力和日渐长成的获取快乐的能力。**艾略特博士曾经将教育定义为"增强服务和获取快乐的能力"。在这个层面上,教育并非止于学校时光。每年我们都要发现新的能量之源,并发掘我们自身的潜能。对此,女性要比男性更为用心,因为积极生活的男性其能量和潜能的增长有更多内在的强制成分。

/ 快乐的源泉 /

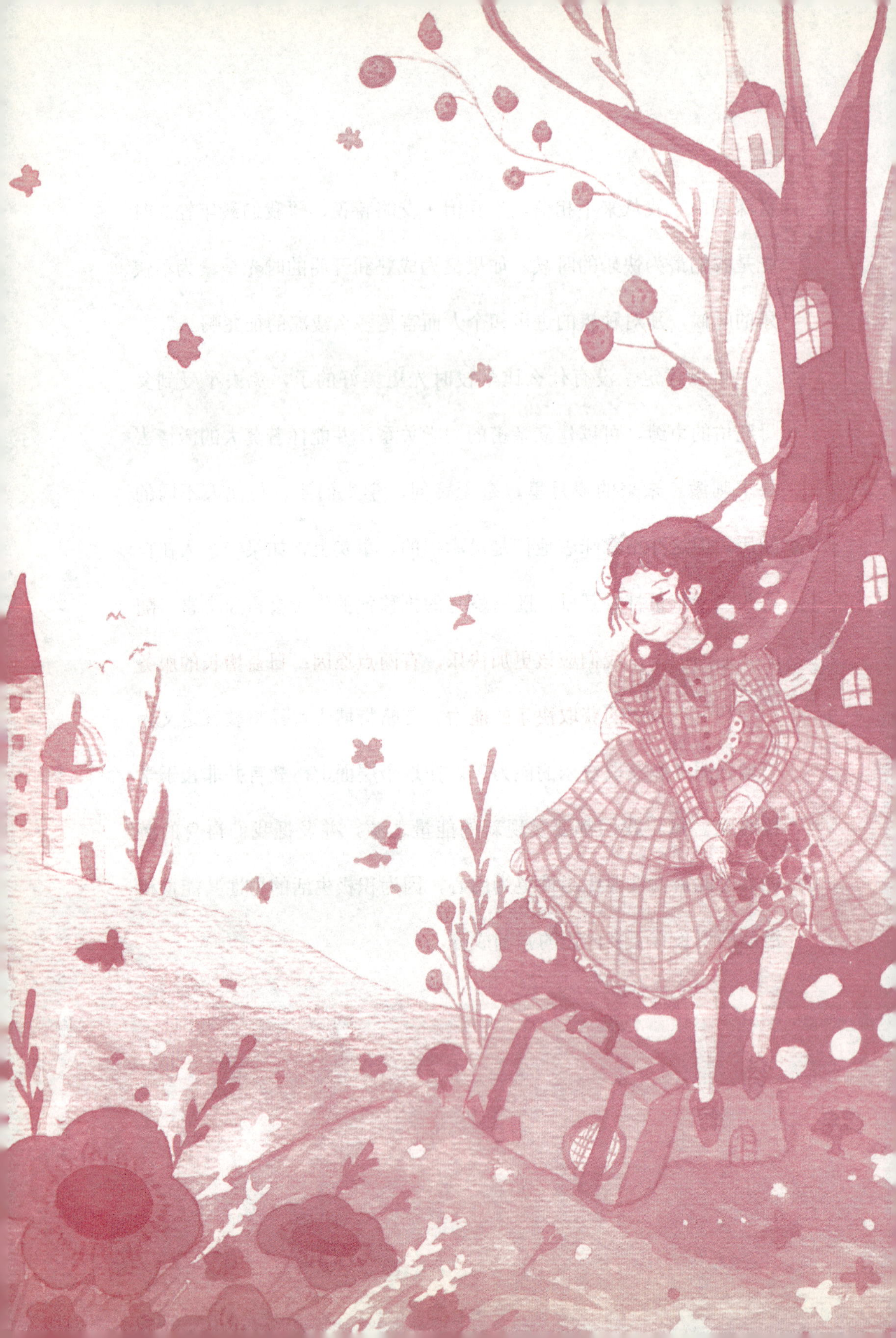

我们经常听到人们感叹想再次回到童年或者年轻的时候。当有人表达这种愿望时，他通常的意思就是，如果他可以带着以他逝去的青春为代价交换得来的所有智慧和能力回去的话，那他愿意再次回到孩提或年轻的时候。但再次回到童年，重新长大，其间要不断适应调整，不断犯错，遭受打击，遭同样的罪——谁愿意？事实上，如果我们真的明智，我们就不会希望能回到过去的任何时期。通常，不断召唤我们的是下一个时期，并且我们都应该相信勃朗宁的话："未来的是最好的。"未来拥有或能够拥有垄断幸福的能力。

然而这个被称为快乐的神秘的东西究竟是什么？很显然，将快乐从有些人手中拿走是不可能的，而有些人却又穷其一生地追求而徒劳无功。快乐的能力是我们要终生学习并努力争取的。**很明显，即便拿世界上所有的一切来愉悦某人，通常也不能使之快乐，其原因在于没有任何真正的快乐不是随着幸福意识而来的。**如果一个人是巨额遗产的继承人。他享受并珍惜所拥有的年轻、健康、爱和机遇，从头到尾都不知道自己拥有巨额财富，跟一无所有的人没有什么差异。可是他照样过得快乐。所以，我们应该清醒地了解自己所拥有的东西的重要性。例如，你可以想想，你很享受并喜欢你的家，但是假如你明天就要失去它，你会发现，家所给予你的快乐你并未全部获得。或许你还会很懊悔地回忆起曾经妒忌有些朋友的家比你的要好，甚至还为此闷闷不乐。如果那些你爱的人突然离开了你，你是不是会发现你对他们的了解太少了呢？一种感激才能发现更深的了解，并将之永久地理解为善良、耐心和大度。然后，问问你自己，是否确定你已经从最近的祝福中衍生出本该就属于你的快乐。

　　难道我们都没有或多或少地了解快乐的秘密吗？我们的祝福意识，对生活的深深感激，就是快乐的源泉之一。难道我们还不明白为什么随着年岁增长，我们越发的快乐？我们的损失也许很大——可以肯定很大——但是我们学会了欣赏我们所遗留下的。有多少鸡毛蒜皮的事都已遁于无形，有多少大事变得愈发的不重要。有些事情因为微不足道而被时间所掩盖，就像是因糟糕的天气搞砸的一些计划，或者——但是为什么要继续这样的列举呢？因为随着麻烦的解决和获得快乐的能力越来越多，替代了我们曾经认为的有钱才快乐的意识。而这才是快乐的安全基石之一。

快乐的源泉

不要等经历了才学会这些东西，因为其代价高昂。应该从别人的经历中吸取经验。在这个世上有许多真正的悲伤，也有许多真正的麻烦。我们应该感激那些经历过这些苦难的人，他们也可以向我们学习，而我们也许可以分担他们的一些痛苦。

随着岁月流逝，我们变得更加快乐是完全可能的，并且许多人已经真切体验到了。当你展望生活的前景，除了自问如何才能找到这经过无数人寻找的、最能禁得住命运摧残的、内在快乐的道路外，还有比这更好的问题吗？

过分强调工作带给人快乐很难。懒人们通常都不快乐。积极地看，只要保持忙碌，找点事做，无论在何处，全身心地投入到工作中去，都会让人快乐。这工作不一定是付钱的，但必须能够消耗你的时间和精神。你应该这样想，通过你的努力，你在为世界增加财富。想象在服务中你所获得的极大的快乐，你就不会觉得失落。工作是消除生活疾病的灵丹妙药。当极度悲伤袭来，除了有事可做外，还有其他缓解的方法吗？

快乐的另一来源是背负的责任。在人生早期能够养成感激他人的习惯那是最好的。如果有人或多或少地依赖于我们，那我们是多么的幸运；为了他人，我们抵制自己的欲念，那是很好的事情。有小弟弟或小妹妹需要其宠爱和悉心照顾的女孩是快乐的。

爱在每个人的生活中占有很大的成分。我们需要朋友，需要跟男性同伴接触。我们要给予和接受关爱。大多数人的问题是，我们想要的太多，而不喜欢给予。可是，给予要比受赠更加让人

/ 快乐的源泉 /

愉快。

欲求真正的快乐，我们就要不断地增加学识。无知无趣的生活很难说是快乐的。我们要跟书本建立亲密的联系。**每个人都要有能够不断探索并征服的学习方向，除此之外，还要阅读最好的文学作品。**这可以是音乐、艺术、科学、语言，或者其他的一些东西，这些兴趣爱好可以令人获得娱乐和灵感。在阅读的时光里，每个人都能得到很好的指引，相比之下学识的停滞不前是不可原谅的。事实上，不用任何指引，有的人可以通过自学取得学识上的进步。我认识一个很忙的律师，他通过自学掌握了植物学这一学科，成为了一名专业作家，并被视为该学科的权威。很多人仅仅是通过辅助工具书就掌握了一门外语。认为当学校生活结束就意味着再也不是学生的想法是一个多么大的错误。只要是学习，任何时候都不晚。朱莉娅沃德豪不就是在大多数人都依偎在火炉旁的年纪开始研究希腊的吗？

我已经提到了作为快乐源泉的很多重要的事情——工作、责任、爱和知识。但我们仍然要注意以下三个层面的快乐。最底层的是单纯的快乐。快乐很大程度上取决于我们所拥有的外部事物，而并非植根于内心；如果我们能够意识到，这并不是真正的快乐，说明我们的境界是智慧的。华衣、美食、豪宅，这些可以让人快乐，但是许多没有的人也很快乐。还有一些人拥有这一切，却过着不快乐的生活。聚会、球赛、各种社会娱乐；旅游、各种心血来潮的消费；这些都各有其道。这在你生活中占有很大的地位吗？虽然这些都令人向往，但并不值得将其与快乐相提并论。

意气相投的友谊和称心如意的工作更能使大多数人接近快乐。当然，这种说法并不完全，没有什么东西是人们必须依赖的。我们不难发现，有很多被剥夺了友谊和工作的人也过着平静的、有意义的生活。

你也许注意到了，我所提到的快乐之源有别于有些人可以失去，而有些人则不能的那种。很难设想在某些地点、时间或者环境下我们被剥夺爱和服务他人的权利。我们对他人的责任和义务是随着岁月而加深的，从这点上，我们要学会衍生出越来越多的快乐。这种快乐跟我们通常所向往的快乐相差十万八千里，并常常使人陷入痛苦之中。

我们只能得到最高的快乐——比如与某些人的观点一致——通过我们深邃的思想和对这个世界认知，以及对我们自己的感情得到的；这种快乐通常都伴着太多苦难而来，我们从痛苦中明白，因为我们的灵魂感知是正确的。

这就是林肯的快乐，将整个多难国家的负担装在自己苦难的心中，这就是每个时代的烈士们具有的高贵责任感的快乐；这就是基督的快乐。他教导我们将之视为赐福。当你研究过其生活和人格，你就明白，他经历过这三种快乐。他鄙视不快乐。他不是禁欲者，他吃吃喝喝。当他觉得百合花遮盖了所罗门的光彩，于是铲除了田地里的百合花。一个人内心自然的想法得到满足，就是极大的快乐。人们不喜爱低贱的麻雀，但全能的神父却细心爱护它。黑色的天地为绿色所犁开，为秋天的收获而金光灿灿。他享受跟同伴在一起的时光，并了解友谊之乐。他被所任命的工作完全吸引，并充满了快乐。如果他不高兴，那他就不可能吸引那么多的人跟他一起去做，无论怎样，小孩子是不可能跟随他的。即便有时我们对他有二心，那是因为他成为一个悲伤男子并沉浸在痛苦中之后，我们停止了对他的尊重。

然而，基督所最熟知的都是祝福。最深刻的快乐属于他；忘我的快乐，自我牺牲的快乐，全知全能的快乐，他与他父亲的愿望和谐为一体。那有谁能说他不快乐呢？难道他没有用自己的苦难的、艰辛的、痛苦的生活来换取他人的幸福？我们知道他别无所求。他的秘密为世人所共知，因为他一次又一次地教导我们。

生活并没有给我们相同的快乐，如果快乐是我们生存的目标，那这就是一个不公平的世界。至少在快乐之事上，生活并不是彻底的公正。如果我们愿意，生活给予大多数人足以使生活富足美满的物质财富。即使我们没有快乐的物质基础，至少还有它的祝福。我们也可以拥有自我牺牲之快乐、为他人而活的权利、高贵的责任意识、精神成长的力量，明白我们的愿望与上帝的心愿相一致。这些是我们内心发生的，任凭什么也不能夺走的。

女孩成长书

Fourteen
毕业之后

当你想到成千上万居无定所、为生计奔波劳碌的女性，你就会明白一个女孩能够拥有一个良好家庭是一件多么幸福的事！

毕业之后意味着自我价值实现的开始

"过去的永远过去，但是未来却仍然属于自己。"一个人可能在学生时代接近尾声的时候，产生一种复杂、难以名状的感情，这是一种对逝去岁月的遗憾或对未来的渴望。有时候很难去判断这到底是一种悲伤的流露还是喜悦的表达，究竟哪一种感情是主要的呢？

校园时光飞逝，学生第一次意识到什么东西对他们来说最有价值。在校园里，他们拥有过欢乐、自由的时光，拥有过志同道合的伙伴、美好的情谊和欢呼雀跃的成就感。毕业以后，他们主要的遗憾就是当时不懂得那些日子是多么的美好。也许现在你已经明白老人们常常谈到的"太平日子"意味着什么了，这不代表它们是你生命中最美好的时光——没有人会劝你相信这一点——但是它拥有一种属于自己的特质。这种特质不同于生命的其他阶段。它们不会随着光阴的退却而远去，反而在你的心里越放越大，因为你越来越充分地认识到，很多东西在心里面挥之不去。

要是认识不到仍然要勇往直前地面对未来的生活的话，就不会有人毕业。乔治·夏洛特（George Charlotte）说过：

大河的尽头，我们不知在何处，
大海的源头，两者根本没有明显的界线。

这一切有点突如其来的感觉。现在，为生活做准备的日子已经结束了，而一直准备迎接的生活已近在咫尺。你好似一直待在安全的、可以遮风挡雨的港湾里。而现在你必须冲向生活的浪潮，必须成为自己生命的舵手，必须对人生旅行中的行为负责。你有足够的智慧去承担这样的重任吗？又有谁能呢？然而，万能的造物主已经判定这是成长的唯一方式。

"天将降大任于斯人也"，我们将与责任同行。
当职责在你耳边低吟时，年轻人，你必须回答，
我能。

对所有这些不争事实的认识，会让他们产生一种严肃情绪和特殊的反应，而这些事实常常以一种猛然的力量深入到青年人的心底。一个人不会总去留心听那些发自肺腑的良言，因为生活中充满太多的诱惑，随处可见。我们有时候会忘记给年轻人忠告，并且忘记让他们按照这些忠告去实现目标。然而我了解到，一个学生在毕业这样复杂的环境下——这些环境我曾不只一次提到过——会产生一种坚决的、强烈的情绪，这种情绪接受诚挚而友好的建议。此时此景，这些忠告如同雨后春种深埋泥土里，一样能植入他们的心田。这就是为什么我们寻访最有智慧的和最有启迪思想的演说家来给我们培养的人才以忠告，我们总应该对得起良心，我们所付出的巨大努力与崇高理想之间究竟还有多远的距离呢？

在每个拥有严肃思想的年轻人心里，都有一种活就要活得有价值的期望。有谁愿意成为这个纷繁嘈杂世界中的一个寄生虫呢？谁乐意让别人说成是一个无足轻重的人呢？我们的总统先生曾经说过："我们中的每个人，除非他想要成为活在世界上的废物，否则他就应该全心全意地去干自己的工作。"这难道还不能触动我们的心弦吗？

最近有个很时髦的词汇，它虽起于一个俚语，但并没有消失，反而用途很广，这就是"成功"。这个词语总会在年轻人大学毕业并积极奔向新生活的时候听到。朋友们满怀期待地询问："他将来会干出一番事业吗？""她正在向着成功迈进吗？"

毕业之后

如果我没有说错的话，在大多数年轻人的心里或多或少都会有困惑和焦虑——唯恐自己不能"成功"，所以他们很少向他人坦白自己的焦虑，也不会向自己坦白。一个人对成为有用之才的渴望越强烈，其对自己不能承担人生职责的担心就会越多。

一个人如何才能找到梦寐以求的工作机会呢？所有部门看起来都已经人满为患了，这个世界真的需要更多的工作者吗？一个人应该有与生俱来的自信，这样的人才会对自己今后取得成功深信不疑。然而胆怯会让人一事无成。相信自己是成功的第一要素。

虽然这个世界向未来的劳动者们展示了坚不可摧的一面，但令人惊奇的是，它又为一个坚忍不拔和胆气十足的人迅速地开辟了一片新天地。 对于那些勤奋和愿意工作的人来说，总会有事可做的。摒弃每一个失败的念头，要相信自己和自己的能力，要相信在生命中你所扮演的角色是不可忽视的。

首先，你必须记住，在任何时候，无论我们成为什么样子，都仅仅是真实自己的开始，其实也是自我价值实现的开始。你现在看上去不再是五年前的那个你了。我们无时无刻不在改变着，从来没有停止过。你并不知道你的能力在不断提高。无论在何处，以何种方式，都要踏实地去做头脑中想到的事，并且要以狂热的激情把它做好，这正是成长坚实可靠的保证，而这种保证会为你迎来更大的机遇。

然而，在许多女性看来，发现机遇占据未来发展的优势，并非看起来的那么容易。如果人们不了解许多女性面临的问题，是没有人认识到，要为那些刚刚毕业不久而且具有进取精神的、有目标追求和日益成长的生命找到合适的条件是一件多么不容易的事。将一个年轻女性毕业生与一个同样的男性毕业生相比，就能看出，未来的几年她的生存环境中的差距。在大多数情况下，年轻的男性已经选择了他们一生的工作，并迫不及待向着工作目标而刻苦努力。而且也提供给他进步的机会，每一次进步都是提升。世人期待他在必要时为了选定的工作而放弃其他的东西，他的成功是众望所归。他懂得只有在他成为自己所从事职业领域中的佼佼者时，才会获得丰厚的回报。他可以去世界上任何一个最适合实现理想的地方，尽管他可能还很年轻，然而世人支持他走出家门，实现理想。放弃一份前途光明的事业而陪在钟爱他的人身边，可以说不切实际。难道年轻人就不能塑造自己的命运吗？

所有这些都是有道理的。我没有发现世人对待年轻人的态度有什么不对。我不是说男人与女人之间没有差异，也不是说一个普通的女性应该立志追求事业就多么正确或是多么应该。我所指的是在她们成长的道路上存在着一些绊脚石。那些曾经渴望成长、渴望做些有用的事情的女性，她们以后却过着失去目标、漫无目的的生活，过此种生活的例子我司空见惯！我想质问这个世界，究竟做什么才能让她们的生活充满希望。的确，当女性渴望从事某个明确的工作，而且她喜爱这份工作，并且觉得值得去做的时候，很有可能会引起一片反对之声。

并不是所有的女孩在毕业之后都面临同样的问题，面对此问题，有三种不同类型的女孩。第一种类型，女孩毕业后很满足于待在家里，不久她就会出嫁，并过上幸福的婚姻生活。这样我们就可以知道，此类女孩的问题以一种非常满意的方式得到了解决。对于这样的女孩，能给她的忠告就是，在一个幸福的家庭里和自己喜爱的人在一起，虽然使自己心满意足，然而忘却世界上有许多落魄的家庭需要她的抚慰，有许多无家可归的人需要她抚慰。而她所能给予这个世界的首要且最美好的东西是创造一个最理想的、能够共同分享的大家庭。记住一点，无论我们是伟大还是平庸，我们所应该做的是把我们生活的社会变得更美好。只要有不完备的法律或无法实施的法律存在，只要有恶劣的环境存在，只要有社会不良风气存在，我们就应该牺牲自我服务社会，以利于公众的行为，从而证明我们具有作为这个国家良好公民的品质。一个女性如果没有职业或事业，但她却能够服务社会，与那些能够把握自己的时间却不去服务社会的人相比，这样的女性会让人刮目相看。

第二种女孩在我看来是那些不愿待在家里或一定要有事可做的人，但是她们渴望参与更大规模的活动。我说的不是那些家里真正需要她去打拼的女孩。她们是具有才华的女孩——为了她们的幸福或是应该得到的利益——不会懦弱地在她们需要的时候放弃属于她们的东西。世界上没有比家里拥有一个充满爱心和乐于助人的女儿更幸福的事了。然而，虽然在这一点上，家庭幸福指数得到了提升，但不能因此而抑制一个女孩的理想和追求。家庭应该确保她的最高福利和其他的家庭成员一样得到保障。当父母决定让他们的女儿接受教育，她就走出了义无反顾的一步。随着她心理上的不断成熟和对人性需求的觉醒，那些曾经填满她生活的东西不再对她有影响了，这话听起来奇怪吗？那些不想在他们的女儿身上看到培养出新的兴趣和本事的父母，他们就不应该负担起教育女儿的重担。

我听到太多太多这样的托词，在一个旁观者看来，一个女儿对机会的渴望远比家庭对她的需要少得多。那些认为剥夺了一个年轻女性的成长或是不让她们从事所喜欢的工作的人，不应该忘却她们的未来。有多少女性已在某个专门的领域或自己从事的职业中取得成绩，最后不得不为了父母完全放弃她们青春的黄金阶段。随着时光流逝，她们将爱的重心和兴趣的重心移开，留下孤独给自己，心灵变得空虚，最后郁郁而终。看看你的周围，数一数有多少人属于这一类。在这种情况下，我经常会问自己，家庭从这个女性中得到了什么才能给付出这样巨大牺牲的女性一个合理的解释。我想知道，父母为什么敢在自己心爱的女儿身上冒这样关乎她们命运的风险。不成家的女性应该有一份固定的职业，并且让这一职业成为她幸福和成长的永恒源泉。

让我们来假设一下，你就是这样的许多年轻女子中的一员，你渴望一份能够发挥自己更大力量和作用的职业。让我们再进一步想一想，你摆脱了阻碍你实现梦想的束缚。对从事有用之事的渴求不应受压抑。生命中的最伟大的精神法则的成果应该是——行动，进步和成功成为幸福和美满生活的核心内容。当幸福的权利被剥夺，周围的环境再美，灵魂也会产生厌倦之感。生命中最快乐的事情就是做事情的快乐。去感受一下将一个人所有的力量发挥到极致。通过发挥自己的力量去实现这样一个理想，一个为世界的公益事业而奉献的理想，所有这些将成为人类内心深处所能了解到的最深厚的满足感。喝茶、打球及其他社会活动都有各自的地位，但是你不能靠它们生活。它们不能满足你灵魂力量之源的需要。

迪安·斯坦利（Stanley）的话时常会萦绕在我的耳边："做

你认为一生中最值得去做的事情，做你最渴望做的事情。做一个内心中有感情、有思想、有灵魂的人。"半个世纪以前，全世界强烈地反对妇女出门做事。反对之声给了最勇敢者以最沉重的打击。当一位妇女宣布她将开办一所护士培训学校，在那里，妇女们可以学习到那种让她们奉献终生的技能时，这被谴责为不守妇道，有失体面。而对于现在的我们，很难明白那时"劳伦斯的夜莺颂"所遭遇的蔑视和侮辱。

现代的"劳伦斯的夜莺颂"却见证了一个对她展开满怀期待的怀抱并乐意为她付报酬的世界，这个世界愿意给她以荣光。今天的女性再也不会发现世人会对她们从事自己喜欢的工作心存不满的事情。由此看出，在过去的五六十年中，女性的权利及特权方面都有了长足的进步。我们现在认识到男性和女性在某些方面是有相同之处的。对于男性和女性来说，他们都渴望自我价值的实现，享受成功的喜悦。因为他们都具有人性的本质。

那么，去寻找一个好机会吧。如果你没把握去做你最确定的事情，那就去做你有把握而且能做成功的事情。**先试着把事情做好，如果有可能，让它成为能获得报酬的事情**。帕默夫人相信每个女孩，无论富贵与贫穷，都应该拥有养活自己和他人的本事，以应对生活突变。她坚信，无论女孩现在境遇如何，最重要的是给她们在某一方面进行培训，她们可以凭借所获得的技能为社会服务。这种培训不是要把她们培养成为业余爱好者，而是真正地成为某种专业人士，这样的话，她才会得到一份有报酬的工作。

第三种类型的女孩，我认为是那种天天待在家里而不去考虑做任何有报酬的工作的人，她们会在满足所爱之人的需要中寻找到成功与快乐。她们曾经一度依赖父母，现在必须依靠自己了，或者大概母亲已经去世，女孩取代了母亲的特权位置。还有什么样的机会能比这样的情况更利于她们的成长呢？我们不能选择自己的职责，因为生活为我们创造了职责，并且，如果我们推卸责任的话，对于我们来说，就没有幸福和成功可言。如果你将它当成逃避生活的种种负担，而去选择快乐的生活法则的话，幸福将不会到来，你将不会体会到自己获得成功之后的满足感。

然而即使一个守在家里的女孩也通常会在其他工作上花费些时间和力气，她就应该这样，这样做最好。她的视野会因此而变得开阔，结交到很多新朋友，并且她也会得到因承担家务而获得的成长机会。我曾经认识过许多将家庭和工作兼顾得相当成功的女孩。这些女孩在家庭生活中，努力将它变成兴趣的焦点，变成善待别人和制造良好影响的中心，在为国家的每个城市和乡村提供服务中，赢得了一个极其幸运的职位。许多年轻女性根据自身情况在青年女子基督教协会和女子俱乐部做了很有成效的工作。教堂的工作是一块向所有人敞开的田地。在女子俱乐部中、文学社团中、俱乐部中和市政改良组织中，许多人找到了用武之地；而另外一些人在慈善事业中、医护工作中或其他形式的慈善工作中找到了满足感。

年轻女性在找工作时，时常会惊诧于她们没有能力找到所喜爱的工作，或是她们找到了工作却无力胜任。究其原因在于，这些没有受过培训的劳动者在生活中常常处于劣势。因此对于她们来说，找一份工资少一些、职位低一些的工作相对较容易，也更加合适。这样的工作内容明确，而且无论愿不愿意都必须去做。在这样的情形下，如果一个人能够执着地、勤奋地去工作，她就

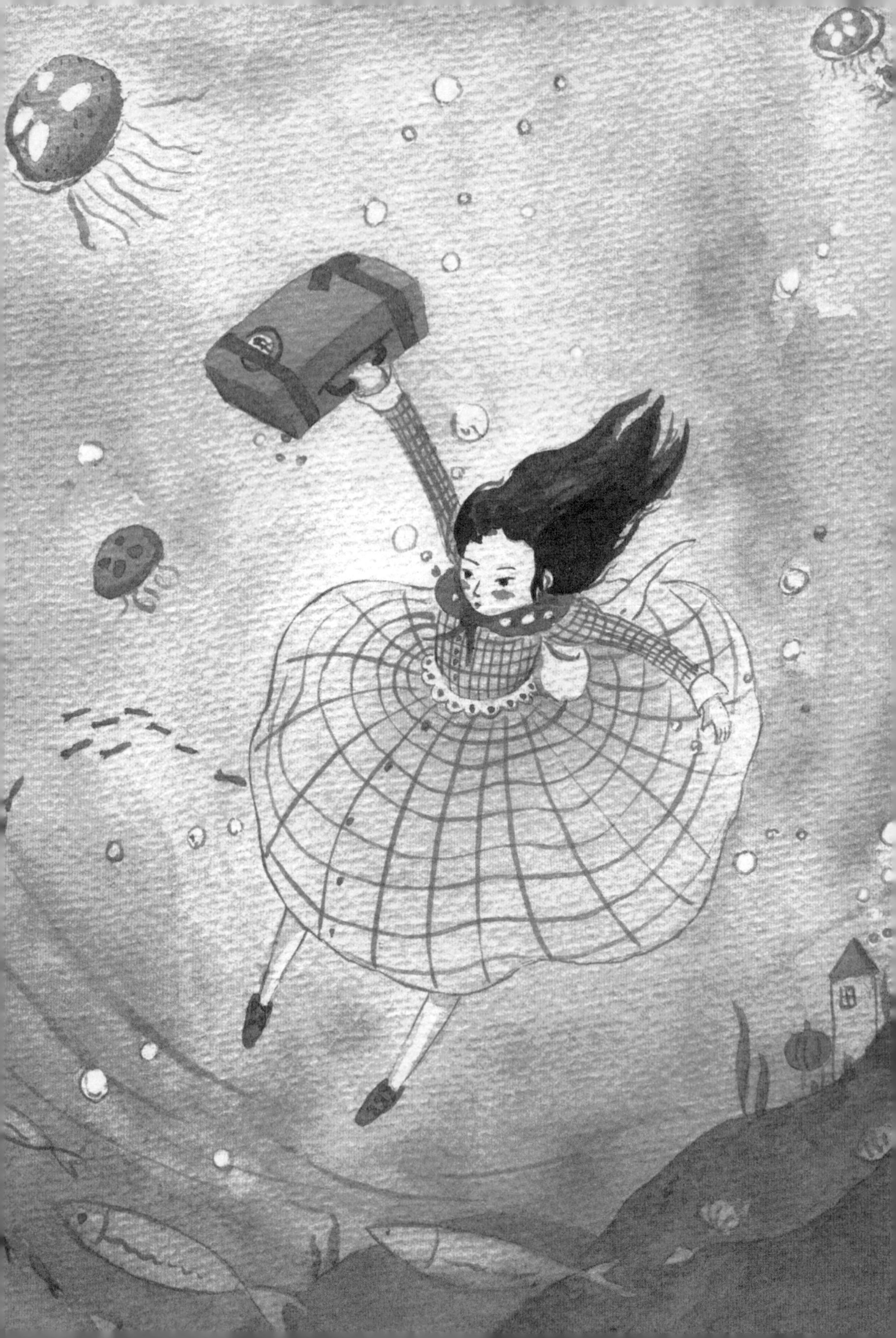

一定能够成长起来。如果从事各种各样的义务劳动，其危险在于她可能对待工作不够严肃认真，很难将自己与责任紧密联系在一起。就如同在女子俱乐部或年轻妇女基督教协会中工作的人一样，任何一个接受过培训的人员，如果给她配一个志愿者作为助手，她可能会说，她很少会找义工来帮忙。如果你选择了这类的工作，即使你一周只抽出几个小时的时间，你也会发现这个工作就如同你作为一个教师、图书管理员或速记员一样值得你全身心投入，可以肯定你将会在这份工作中寻找到快乐与成功。

当你想到成千上万居无定所、为生计奔波劳碌的女性，你就会明白一个女孩能够拥有一个良好家庭是一件多么幸福的事！诚然，对于大多数女孩来说，是像自己的兄弟一样出去工作、打拼自己的事业，还是整日守在家里，这两者之间是可以做选择的。对于来自于富裕阶级的女性来说，她们拥有富足的生活，无须为养活自己而奔波。这直接导致了她们慵懒的双手、空虚的心灵和漫无目的的生活。一些人长了眼睛，但是他们什么也看不见。如果你属于我所提到的这类女孩的话，问问你周围的某个内心充满渴望、生活有目标的人，他们将会做些什么。

能生活在20世纪是一件幸运的事情。这个时代的年轻人步入成年，正在奔向有史以来最繁忙的生活之中。世界对于坚强、有能力、有头脑的女性有着从未有过的强大需求。人类团结的纽带史无前例地得到了认同。

未来的女性将比过去的女性要求得更多，因为越来越多受过高等教育的知识女性，她们会说到做到。

对于现今处于较好阶层的普通女性，最大的诱惑就是偏听那些充满诱惑力的幸福之音。我的意思并不是说快乐是错误的，快乐本身是无害的。也不是说年轻人应该失去任何本应该属于他们的快乐和幸福，因为这是生活给予世人的。但是为了那些不能提高自己能力的事情而不断地消耗时间和精力毫无意义，而这些时间和精力原本应该花在生命中最重要的事情上。

杰姆斯教授说过："现代生活中最错误的事，莫过于人们为了追求全面的满足而近乎绝望地去拼搏和奋斗。教会那些和你走在同一条生活道路的人，这并不是值得拥有的生活；它是一种内心深处的力量，这种力量是一种创造，是进步，是营造生活中的新事物，是为了过上广阔而自由的生活的力量。这种意识永远不会失败，永远不会消逝。"

图书在版编目（CIP）数据

女孩成长书/（美）诺特（Knott, L.A.）著；
赵凛，郦英华 译. -- 哈尔滨：黑龙江教育出版社，2014.5
ISBN 978-7-5316-7455-9

Ⅰ.①女… Ⅱ.①诺… ②赵… ③郦… Ⅲ.①成功心理—青少年读物
②青少年教育 Ⅳ.①B848.4—49 ②G775
中国版本图书馆CIP数据核字(2014)第085914号

女孩成长书
NÜHAI CHENGZHANG SHU

作　　者	〔美〕劳拉·诺特 著
译　　者	赵 凛　郦英华 译
选题策划	宋舒白
责任编辑	宋舒白　李 丹
装帧设计	Lily
责任校对	周维继

出版发行	黑龙江教育出版社（哈尔滨市南岗区花园街158号）
印　　刷	北京万博诚印刷有限公司
新浪微博	http://weibo.com/longjiaoshe
公众微信	heilongjiangjiaoyu
E-mail	heilongjiangjiaoyu@126.com

开　　本	700×1000　1/16
印　　张	14
字　　数	90千
版　　次	2014年8月第1版　2020年1月第2次印刷
书　　号	ISBN 978-7-5316-7455-9
定　　价	28.00元